PUBLICATION DE LA SOCIÉTÉ PHILOMATHIQUE

C000130414

ARCHÉOLOGIE
DE LA MEUSE

DESCRIPTION

DES VOIES ANCIENNES ET DES MONUMENTS

AUX ÉPOQUES CELTIQUE ET GALLO-ROMAINE

PAR M. FÉLIX LIÉNARD

OFFICIER DE L'INSTRUCTION PUBLIQUE
CORRESPONDANT DU MINISTÈRE POUR LES TRAVAUX HISTORIQUES
SECRÉTAIRE PERPÉTUEL DE LA SOCIÉTÉ PHILOMATHIQUE DE VERDUN
PRÉSIDENT DE LA COMMISSION DU MUSÉE DE CETTE VILLE

TOME III

PARTIE NORD DU DÉPARTEMENT

VERDUN
IMPRIMERIE DE CHARLES LAURENT, ÉDITEUR
12 et 14, Quai de la République
—
1885

RECTIFICATION

Nous devons modifier ce qui a été dit, tome III, page 27, au sujet de l'un des médaillons trouvés à Baâlon, celui de l'empereur Victorin, qui est actuellement conservé dans les riches collections du Cabinet des Médailles de la Bibliothèque nationale de Paris.

Ce médaillon, trouvé en 1808 et non en 1809, fut vendu l'année même de sa découverte, moyennant la très modique somme de six francs, à un numismate de Paris qui le céda immédiatement (17 juin 1808) au Cabinet des Médailles, pour une valeur de quatre cents francs.

Ce médaillon, qui est unique, fut coté à la somme de six cents francs par Mionnet dans son édition de 1815, et plus tard, à celle de douze cents francs par Cohen, dans sa « Description historique des Monnaies frappées sous l'empire romain », publiée à Paris de 1859 à 1868.

La description et le dessin que nous donnons de cette pièce (Pl, XL, fig. 15), sont empruntés à l'ouvrage de Mionnet, intitulé « De la rareté et du prix des médailles romaines, » édition de 1815, page 301.

ERRATA

TOME Ier

Page 25, ligne 36, au lieu de Julien Domna . . . . lisez Julia Domna.
— 25, ligne 38, — Plantille . . . . lisez Plautille.
— 63, ligne 20, — Agrien . . . . lisez Hadrien.
— 101, ligne 1, — Salomine . . . . lisez Salonine.

TOME II

Page 31, ligne 23, au lieu de arrête . . . . lisez arête.
— 54, ligne 31, — Elagaballe . . . . lisez Elagabale.
— 64, ligne 36, — Mammée . . . . lisez Mamée.
— 103, ligne 1, — Busancy . . . . lisez Buzancy.
— 109, ligne 10, — cinquante mètres . . . . . lisez cinquante centimètres.
— 109, ligne 32, — de Ville-à-Chaumont . . . lisez de Ville à Chaumont.

TOME III

Page 16, ligne 16, au lieu de ajacents . . . . lisez adjacents.

CHAPITRE I

VOIE ANTIQUE

DE VERDUN A MOUZON

La voie d'ordre inférieur qui se rendait de Verdun à Stenay et à Mouzon prenait naissance au nord-est du *castrum*, sous le mur d'enceinte de l'antique forteresse : elle se détachait de la route consulaire de Reims à Metz au bas de la rûe actuellement dite rue Saint-Pierre; là se trouvait anciennement la rue du Tournant établie sur la courbure de la route prétorienne; c'est donc de l'angle formé par cette route pour s'engager dans la rue Mazel que sortait la voie antique dont nous avons à décrire le parcours.

Ce point de départ étant ainsi établi, il nous reste à rechercher les traces de ce chemin, d'abord dans la rue Chaussée ou de la Chaussée, nom qu'on doit considérer comme étant très significatif : ce nom lui vient en effet de la chaussée que nous allons décrire, chaussée dont le *summum dorsum* fut mis à découvert et a été parfaitement reconnu en 1863, lors de l'agrandissement de l'aqueduc souterrain établi pour la conduite des eaux de la ville sous le sol de la rue : on y a vu le *nucleus* de la voie, composé d'une couche ou d'une agglomération de pierres concassées formant, avec le sable qui s'y trouvait mêlé, une espèce de macadam épais de vingt-cinq centimètres et tellement solide que la pioche pouvait à peine l'entamer.

La voie s'infléchissait par une pente très sensible dans la direction de l'est; cette inclinaison indiquait que le chemin passait fort au dessous du pied de la Tour-Chaussée où l'on a trouvé, en 1864, sous le sol de l'une des chambres de la tour, un très beau petit bronze romain à l'effigie de Tétricus père, portant au revers *salus augg.*, lequel est conservé dans le musée de Verdun. Le Narrateur de la Meuse nous apprend en outre que, en 1807, en creusant une cave près des remparts de cette tour, on rencontra plusieurs tombeaux en pierre renfermant des ossements d'une grandeur extraordinaire et une monnaie romaine à l'effigie de Faustine jeune (1).

Au delà de la Tour-Chaussée la voie gagnait le niveau des grèves qui, à l'époque antique, bordaient la Meuse en cet endroit et formaient le lit de la rivière qu'on franchissait probablement sans le secours d'un pont. Ce lieu encore désigné au moyen âge sous le nom de Gravière est l'endroit où nous croyons devoir placer le gué, en celtique VER, situé près de la hauteur DVN, d'où l'oppidum gaulois tirait son nom, ce gué resta longtemps praticable : ce fut seulement au XIIIᵉ siècle (2) que, probablement par suite du déplacement du lit de la rivière, Rodulphe de Torote, cinquante-quatrième évêque de Verdun, y fit construire un pont qui est souvent cité dans le cartulaire de la cathédrale où il est nommé : en 1220, *Pons Gravariæ*, en 1227, *Pont à Gravière*, en 1228, *Calceia ad Pontem* (3).

L'emplacement de ce gué a fourni, en 1826 et en 1876, un assez grand nombre d'objets antiques dont nous avons donné le détail dans le tome II de l'Archéologie de la Meuse.

Après avoir franchi la rivière au delà de laquelle se trouvaient des marécages, la voie se bifurquait et fournissait deux embranchements dont l'un se rendait à Trèves en passant par Senon et le camp de Titelberg, tandis que l'autre, celui dont nous nous occupons, obliquait au nord et longeait la rive droite de la Meuse jusqu'au lieu où fut établi depuis le faubourg de la Galavaude. Cette voie, qui était en surélévation, au dessus du niveau du sol, existait encore en 1586, époque à laquelle les actes publics la désignent sous le nom de *la Givée devant la porte à la Chaussée* : ce nom de Givée vient évidemment de *gibba* qui signifie *élevée, voûtée*; ce fut de 1660 à 1680 que l'on construisit, sur l'emplacement des marais dont il vient d'être question, la demi-lune dite de la Chaussée dont le massif recouvre aujourd'hui les deux voies antiques.

La chaussée, dont nous venons d'indiquer le tracé jusqu'au faubourg de la Galavaude, continuait sa marche sur la rive droite de la Meuse où elle est empruntée par la route moderne. Elle se rendait en ligne droite à Belleville sur le territoire duquel il a été recueilli, en 1869, lors des travaux exécutés pour l'établissement du chemin de fer, diverses monnaies romaines dont sept, en petits bronzes, sont conservées dans le musée de Verdun : deux de ces monnaies sont à l'effigie de Gallien, une à celle de Constantin le Grand, trois à celle de Constans Iᵉʳ et une de Gratien. On y a trouvé en 1872 une

(1) Cf. Narrateur de la Meuse, tome V, page 320.
(2) Cf. Dom Cajot, Almanach historique, année 1876, page 95.
(3) Cf. Cartul. de la cathédrale (Bibl. publ. de Verdun).

petite monnaie en or à l'effigie de Constantius II, portant au revers : *victor. aug. nostri,* laquelle fait partie du cabinet de M. Ant. Bression; les travaux de canalisation de la Meuse, exécutés en 1874, ont en outre permis de recueillir à Belleville un beau grand bronze d'Antonin Pie qui est conservé dans le musée de Verdun.

A partir de ce point la voie laisse peu de traces certaines, étant presque constamment occupée par la route moderne; c'est à l'aide des noms antiques de diverses contrées qui se rencontrent sur son passage, puis des objets mis à découvert sur son parcours, que nous pourrons la suivre dans son trajet.

Elle sortait de Belleville pour gravir la côte de la Savonnière (*Saponariæ*), où il a été recueilli, en 1872 et en 1873, deux objets qui sont conservés dans le musée de Verdun, savoir : une petite monnaie en or, type barbare, à l'effigie de Justinus II, portant au revers une victoire ailée, et une ferrure de cheval à bords ondulés, considérée par divers archéologues comme datant d'une époque très antique.

A ce point du territoire de Belleville, la voie laisse à gauche les deux fermes de Montgrignon et de Wameau entre lesquelles il fut mis à découvert, en 1883, dans la contrée dite des Caveaux, à vingt-cinq mètres de la crête d'une ancienne carrière et sur le petit coteau qui domine le gué de Wameau ainsi que le nouveau pont de Thierville, un sarcophage en pierre formé de deux parties d'égale longueur, mesurant chacune quatre-vingt-dix centimètres, et dont les interstices étaient fermés au moyen de pierres champêtres.

Le couvercle de ce sarcophage était plat ainsi qu'on put le reconnaître par un fragment qui fut retrouvé à proximité; cette sépulture avait donc été fouillée précédemment : elle ne renfermait plus en effet que les débris d'un crâne et quelques fragments d'os à peine reconnaissables.

Mais ce petit monument est intéressant en raison des signes gravés en creux qu'il présente sur l'une des faces latérales, celle de gauche, près des pieds du personnage auquel cette tombe avait servi de dernier abri : ces signes, qui avaient probablement une signification ou qui n'étaient peut-être qu'une marque de tâcheron, représentent à peu près trois V renversés, précédés d'une ligne qui fait coude et se prolonge sous le V de gauche. Cette sépulture était orientée, c'est-à-dire qu'elle avait la tête du côté du couchant tandis que les pieds étaient au levant. Le musée de Verdun possède ce petit monument (Pl. v, fig. 4).

La voie descendait la côte de Rosières (*Rosarium*), et se rendait par la Vaux-le-Cerf au village de Bras où il fut mis à découvert, en 1835, au lieu dit les Hautes-Rives, situé sur les bords de la Meuse, un tombeau en pierre renfermant avec des ossements, une lame de glaive ou scramasaxe en fer, une petite fiole en verre et une urne funéraire en terre encore munie de substances grasses. Cette même contrée restitua, en 1867, une lampe en terre rouge, forme bougeoir, qui fait partie du musée de Verdun (Pl. XVIII, fig. 3). Ce Musée posséde en outre trois monnaies romaines trouvées sur le finage de Bras, ce sont : un denier d'argent d'Alexandre Sévère, recueilli en 1859, un grand bronze de Faustine mère, trouvé en 1870, un autre grand bronze à l'effigie d'Hadrien, ℞. *Hilaritas p. r.*, recueilli en 1872.

Les travaux exécutés à Bras, en 1876 et en 1877, pour la canalisation de la Meuse, firent rencontrer un assez grand nombre de monnaies et d'objets antiques qui furent disséminés; ceux de ces objets qui parvinrent au musée de Verdun sont : plusieurs bois de cerfs portant des coupures ou traces du travail de l'homme, une fibule gallo-romaine en bronze, très détériorée, une pointe de flèche quadrangulaire en fer (Pl. XXXV, fig. 16), une monnaie gauloise en potin, au type du sanglier enseigne, et huit monnaies romaines à l'effigie des empereurs Auguste, Néron, Domitien, Hadrien, Marc-Aurèle, Gallien, Postume et Tétricus.

La voie se rendait ensuite sur la côte dite à Taloüe, territoire de Vacherauville, où elle se croise avec le chemin antique venant de Senon; c'est au point d'intersection de ces deux routes qu'il fut mis à découvert, d'abord en 1846, puis en 1854 et en 1857, et enfin en 1874, plusieurs sépultures de l'époque franque ou mérovingienne, renfermant des armes en fer, des vases ou urnes funéraires en terre; tous ces objets furent détruits par les ouvriers. On y trouva également diverses monnaies romaines dont quatre sont conservées dans le musée de Verdun; ce sont : un petit bronze de Crispus, ℞. *Providentiæ cæss.*, trouvé en 1846, un moyen bronze d'Auguste, au type de l'autel de Lyon, un grand bronze de Marc-Aurèle, ℞. *Tr. pot. XII. cos. II,* et un petit bronze de Crispus, portant au revers *vot. X* dans une couronne, ces quatre derniers recueillis en 1857.

Au delà de la côte à Taloüe, la voie se rendait au moulin de Côtelettes, puis à Samogneux où il fut trouvé, en 1854, une monnaie romaine en petit bronze à l'effigie de Numérien, ℞. *Pax aug.,* qui est conservée dans le musée de Verdun. Cette voie longeait ensuite le territoire de Haumont sur lequel il a été recueilli, en 1875, une petite statuette en bronze représentant un personnage grotesquement renversé, s'appuyant sur la main droite, et tenant de la gauche, sur la poitrine, une espèce de tube perforé, destiné probablement à recevoir un objet monté sur tige; cet antique fait partie du musée de Verdun (Pl. XXIII, fig. 2).

Au delà de ce point, la voie se portait sur Brabant et arrivait en suivant la rive droite de la Meuse jusqu'à Consenvoye, localité dominée par une côte dite la Citadelle, située à cent mètres au nord du village. Le sommet de cette côte a souvent restitué des objets de l'époque antique : on y a recueilli, en 1847, une superbe armature de lance en bronze, longue de trente-deux centimètres, couverte de la patine antique. L'âge de cette arme remonte à une très haute antiquité, c'est-à-dire à l'époque du bronze, et l'on sait combien les pointes de lances appartenant à cette période sont rares dans les collections ; c'est jusqu'à ce jour la seule arme de ce genre qui ait été recueillie dans nos contrées : nous sommes heureux de la posséder dans le musée de Verdun (Pl. XXII, fig. 6).

De Consenvoye la chaussée antique se rendait à Sivry-sur-Meuse où l'on rencontre, au lieu dit Soutry ou Soutreville (*Subteria villa*), de nombreux débris de grandes tuiles plates à rebords (*Hamatæ tegulæ*), et dans la contrée dite au Rué, des restes de constructions antiques parmi lesquelles il a. été recueilli, en 1878, un petit vase en terre grise qui fait aussi partie du musée de Verdun (Pl. XVII, fig. 5).

Le territoire de Sivry-sur-Meuse recèle en outre un certain nombre de sépultures gallo-romaines dont plusieurs ont été mises à découvert au bas de la côte Menonfosse, située au dessous du bois Nachet, lorsqu'on y ouvrit, en 1842, une tranchée pour amener au village les eaux de la fontaine qui existe en ce lieu : on recueillit dans ces sépultures des urnes funéraires en terre grise et plusieurs monnaies romaines en bronze qui furent envoyées à M. Jeantin, alors président du tribunal civil de Montmédy.

Les travaux de canalisation de la Meuse, exécutés en 1879 à Sivry, permirent de recueillir plusieurs monnaies romaines dont l'une, qui est conservée dans le musée de Verdun, est un moyen bronze à l'effigie de l'empereur Trajan, portant au revers : *Tr. pot. cos. III p. p.*

La voie passait à l'ouest d'Haraumont, laissant à gauche le village de Vilosnes sur le territoire duquel on a souvent rencontré des restes de constructions antiques : l'une de ces substructions, mise à découvert il y a peu d'années, a restitué plusieurs monnaies romaines parmi lesquelles il s'en trouvait une à l'effigie de Dioclétien et une autre à celle de Constantin Iᵉʳ.

La voie se rendait ensuite entre les bois de Sivry et le bois dit Sartelle. Au delà de ce dernier se trouvait, il y a quelques années, sur le versant du coteau qui sépare Fontaines de Vilosnes et qui est traversé par le sentier Malda, un terrain en friche que le propriétaire M. Person, résolut de défoncer pour le livrer à la culture ; il entreprit, en 1858, ce travail de défrichement dans lequel il mit à découvert, à environ dix centimètres de profondeur, de nombreuses sépultures rangées parallèlement et formant plusieurs lignes qui s'étendaient de l'est à l'ouest.

Un certain nombre de ces sépultures étaient formées au moyen de pierres presque brutes, placées de champ et cimentées ; sur ces petites murailles posaient de grandes dalles ou pierres plates faisant couvercles (Pl. v, fig. 6). Dans d'autres au contraire les squelettes se trouvaient en contact immédiat avec le sol ; mais de grands clous gisant de chaque côté des pieds et de la tête, et la couleur noirâtre de la terre faisant bordure semblaient indiquer que la plupart des corps avaient été ensevelis dans des cercueils en bois depuis longtemps réduits en pourriture. Dans l'un et dans l'autre de ces deux modes d'ensevelissement, les squelettes étaient invariablement, dit-on, placés la tête au nord et les pieds au sud.

Les objets qui furent recueillis dans ces tombes sont : des spathas ou longues épées à deux tranchants, à l'usage des chefs ou des cavaliers, des lames de scramasaxes ou coutelas à un taillant, des plaques ou des boucles de ceinturons, des fragments de cuir garni de clous en bronze, des fibules, des bracelets, des styles pour écrire et des urnes funéraires en terre rouge et en terre noire. L'un de ces tombeaux renfermait un squelette de grandeur colossale près duquel se trouvait un crâne d'animal que l'auteur de la trouvaille reconnut pour être celui d'un chien : ce fait s'explique par la coutume antique d'immoler des animaux dont le sang devait réjouir les mânes du défunt, et d'inhumer avec lui non-seulement les armes ou objets qui lui avaient été chers, mais encore la tête de la victime sacrifiée.

Les monnaies recueillies dans ces sépultures sont : un moyen bronze à l'effigie de Commode, deux oboles de Tétricus et un petit bronze de Valens.

Le produit de cette trouvaille est conservé par M. Person, géomètre à Fontaines.

Après avoir traversé le village de Fontaines et franchi le bois de Fayel, la voie se rendait à Murvaux laissant à gauche le village de Milly-devant-Dun un peu au sud duquel se trouve un beau monolithe, dit la Hotte du Diable, dont nous donnerons la description au chapitre XIII de ce volume.

Au delà de Murvaux la voie antique gravit la côte Saint-Germain située en partie sur le territoire de Lion-devant-Dun : cette côte forme un mamelon allongé et isolé, d'une hauteur considérable que la carte de l'Etat-Major évalue à 350 mètres, et dont le sommet domine tout le pays à une très grande distance ; aussi l'extrémité nord de ce mont fut-il occupé militairement à l'époque de la domination romaine. On y voit en effet l'emplacement d'un camp antique (*castrum stativum*), long de six cents mètres, large de quatre cents, affectant une forme ovale et dont la contenance superficielle est d'environ dix-huit hectares quatre-vingts ares.

Ce camp est défendu au sud par un large fossé encore existant, et par une levée de terre ou rempart (*agger*), au milieu duquel est placée l'entrée ou porte principale, ouvrant sur la portion du plateau qui se prolonge au sud de la montagne. Aux autres aspects se trouvent des pentes abruptes, presque inaccessibles, qui sont l'œuvre de la nature, et dont l'escarpement était grandement suffisant pour protéger ce lieu de défense (Pl. i, fig. 2).

Le terre-plein de ce camp a souvent restitué des sépultures antiques, des briques épaisses, de grandes tuiles plates à rebords, des fragments de poteries samiennes, des tessons de poterie commune, des armes, des ferrailles et un nombre considérable de monnaies romaines dont plusieurs habitants du pays ont pu former des collections qu'ils conservent religieusement. On y a trouvé en 1841, dans l'intérieur du *castrum*, une belle hache polie en silex (Pl. iv, fig. 6), et, en 1855, un petit mortier ou augette en pierre avec anse (Pl. xi, fig. 8); ces deux objets font partie du musée de Verdun. Ce musée possède aussi quelques unes des monnaies fournies par cet emplacement : elles sont à l'effigie de Néron, Domitien, Trajan, Hadrien, Antonin, Faustine mère, Marc-Aurèle, Faustine jeune, Commode, Elagabale, Gallien, Claude le Gothique, Aurélien, Dioclétien, Constantin Ier, Constantin II, Constans Ier, Constantius II et Magnence.

Héric d'Auxerre, qui écrivait en l'année 866, nous apprend qu'une forteresse dite Château d'Hadrien (*Castellum Adriani*) existait encore de son temps sur le sommet de ce mont; il y fut ensuite établi un calvaire ou chapelle dédiée à saint Germain, nom qui se substitua à l'appellation antique de la côte, et que celle-ci a conservé jusqu'à ce jour en dépit du *Castellum Adriani*.

Le camp d'Hadrien qui, comme on vient de le voir, avait des dimensions et une importance considérables, était placé entre deux autres camps plus petits, dont l'un, situé à huit mille mètres au sud-est, occupe le sommet de la côte dite le Châtelet, entre Bréhéville et Lissey, principalement sur le territoire de cette dernière commune, ce qui nous autorise à le désigner sous le nom de camp de Lissey (Pl. ii, fig. 4).

Placé sur une hauteur que la carte de l'Etat-Major évalue à 402 mètres, par conséquent beaucoup plus élevé que le sommet de la côte de Saint-Germain, le camp de Lissey, dit aussi le Châtelet, est tout à fait piriforme et mesure cent cinquante mètres de long sur cent vingt mètres de large : sa superficie est d'environ un hectare quarante centiares. Ce camp est protégé au nord et au sud-est par des pentes abruptes et inaccessibles, dont les crêtes ou arêtes sont bordées par une terrasse haute d'un mètre, avec banquette ou chemin de ronde assez large pour donner aujourd'hui passage à une voiture; il est défendu au sud-ouest par une levée de terre ou rempart (*agger*), haut d'environ six mètres à l'intérieur et de dix à douze mètres à l'extérieur, puis par un fossé encore large de dix mètres.

Entre le rempart et la banquette ou terrasse située au sud, se trouve la porte ou entrée de laquelle sortent deux chemins, l'un descendant au village de Lissey où diverses sources prennent naissance, l'autre, dit la Plate-Voie, qui parcourt le plateau extérieur du *castrum* et vient traverser une ligne de circonvallation établie à cinq cent cinquante mètres au sud dans le but de défendre l'accès du camp.

Cette ligne de circonvallation, qui s'étend sur une longueur d'environ sept cents mètres, est formée d'une levée de terre encore haute de un à deux mètres, en avant de laquelle se trouve un fossé de cinq à six mètres de large ; elle traverse tout le plateau de la montagne et présente, dans la partie centrale, une longue ligne droite dont les extrémités se courbent dans la direction du camp, d'une part, au nord où elle arrive jusqu'à la crête de la côte, vers Bréhéville ; d'autre part, au sud sur le versant qui regarde Lissey. Un sentier, qui sort à l'ouest de ce dernier village, vient aboutir sur la coupure de la circonvallation dans le fossé de laquelle il descend pour en suivre le parcours en ligne droite sur une longueur de quatre cents mètres ; il s'en détache à la courbure du nord pour ensuite se rendre à Bréhéville.

Le Châtelet est entièrement boisé et occupé par les bois communaux de Lissey et de Bréhéville ; il n'a pas encore été fouillé. On trouve à l'intérieur de ce lieu de défense de grandes tuiles plates à rebords, et l'on voit, à la pointe située au nord du *castrum*, une cavité connue sous le nom de puits ; à l'extérieur de cette même pointe et sur les bords de la banquette qui domine les pentes abruptes de la montagne, se dresse un groupe d'énormes roches semblant avoir été grossièrement taillées et sous lesquelles il serait peut-être utile d'effectuer une fouille.

Ce camp domine tout le pays ; de la hauteur qu'il occupe, la vue s'étend au loin et se porte jusqu'à Montmédy dont on distingue la citadelle ; d'autre part elle se porte jusqu'à Longwy quoique distant d'environ trente-cinq kilomètres. Il était comme on le voit, dans d'excellentes conditions soit comme point de défense, soit comme poste d'observation.

A un kilomètre et demi au sud du Châtelet ou camp de Lissey, se trouve le village d'Ecurey sur le territoire duquel on recueillit, en 1876, une monnaie romaine en petit bronze à l'effigie de Victorin, ℞. *invictus*, qui est conservée dans le musée de Verdun. Notons en outre que le bois communal d'Ecurey, dit la Borne-Trouée, doit son nom à un monument mégalithique qui, s'il ne remonte pas à l'époque druidique, était certainement la borne limitative citée sous le nom de *Pertusa petra* dans les limites de l'ancien comté de Verdun (1).

---

(1) Cf. *Virdunensis comitatus ita in circuitu habetur.* Pièce manuscrite conservée dans la Bibliothèque publique de Verdun, et reproduite dans le tome II de l'Archéologie de la Meuse, page 21.

En regard et à quatre mille cinq cents mètres à l'ouest de la côte Saint-Germain, occupée comme on l'a vu par le camp dit Château d'Hadrien, se trouve, sur la rive gauche de la Meuse, dont il n'est séparé que par la vallée, un autre camp ou poste antique établi sur la côte dite Châtel, au pied de laquelle est situé le village de Sassey. Ce camp occupe aussi l'extrémité d'une éminence faisant promontoire et commandant le passage de la Meuse; il affecte une forme carrée dont le terre-plein mesure cent cinquante mètres de long sur cent quarante mètres de large, ce qui représente une superficie d'environ deux hectares.

Comme celui de la côte Saint-Germain, ce camp est défendu au sud par un retranchement au centre duquel se trouve l'entrée ou porte principale ouvrant sur la partie du plateau qui se prolonge au sud de la côte; mais le mode de construction de ce retranchement n'est pas le même dans toute son étendue : ainsi d'un côté, à droite de la porte, cette ligne de défense ne présente qu'un large fossé, tandis que le retranchement de gauche consiste en une levée de terre ou rempart *(agger)*. Ce petit camp est protégé aux autres aspects par des pentes naturelles, rapides, presque inaccessibles, dont le pied est baigné à l'est par la rivière de la Meuse (Pl. ii, fig. 1).

Je ne sache pas que le Châtel de Sassey ait restitué des objets de l'époque antique; toutefois je dois dire qu'il a été recueilli, à proximité de ce camp, sur le territoire de Mont-devant-Sassey, une monnaie romaine en grand bronze à l'effigie de Commode, ꝶ. *Felicitas aug. p. m. tr. p. imp. VIII. cos. V. p. p.*, qui est conservée dans le musée de Verdun.

Mais revenons à notre voie antique que nous avons suivie jusqu'à la côte Saint-Germain au sommet de laquelle se trouvait le camp dit *Castellum Adriani* dont nous avons parlé plus haut : de ce point, la voie descend à Lion-devant-Dun et vient longer la pointe ouest de la forêt de Wèvre où ce chemin est très connu et porte dans le pays le nom de la Voie romaine. Cependant cette voie a été en partie défoncée, et l'on sait que le pavé de la rue principale de Dun a été établi et entretenu, jusqu'à ces dernières années, au moyen de celui de la voie antique.

Au delà de la forêt de Wèvre, qu'elle ne fait qu'effleurer, cette voie se dirige en ligne droite sur Mouzay, village dont l'origine remonte à une haute antiquité, et dont le sol a souvent restitué des objets se rattachant à la période de la domination romaine.

Lors du nivellement de la place qui se trouve devant la mairie de Mouzay, on mit à découvert, en 1842, un bas-relief antique en pierre, représentant un personnage à cheval que les ouvriers s'empressèrent de briser; on rencontra en outre, sur cet emplacement, des fûts de colonnes, des briques de grande dimension et quelques monnaies romaines, le tout indiquant qu'il avait existé en ce lieu un édifice d'une certaine importance (1).

Au mois de septembre 1866, on rencontra en creusant un puits sur cette même place de la mairie, un pavé mosaïque (*opus tessellatum*) de un mètre vingt centimètres de long sur quarante-cinq centimètres de large, formé de cubes en marbre de diverses couleurs, noirs, blancs et rouges, lequel était enchâssé dans une espèce de stuc peint en rouge et vert. L'ouvrier occupé dans ce puits mit tous ses soins à déblayer cette mosaïque ; mais l'ayant abandonnée un instant pour prendre les ordres de M. Lamy, qui la destinait au musée de Verdun, les enfants du village s'emparèrent des pioches et marteaux se trouvant à leur portée et la mirent en pièces : cette mosaïque était à proximité de la voie que nous décrivons.

Ce fut également sur la place de la mairie de Mouzay qu'on recueillit, en 1873, une monnaie consulaire en argent (un quinaire) de la famille Porcia, portant au revers une Victoire assise à droite, et un moyen bronze d'Auguste, au type de l'autel de Lyon : ces deux pièces sont conservées dans le musée de Verdun.

Les terrains qui formaient l'ancien fief dit la Cour, à Mouzay, ont aussi restitué un certain nombre d'objets antiques : on y rencontra en 1865, lors du curage de la pièce d'eau qui s'y trouve, une quantité de grandes tuiles plates à rebords (*hamatæ tegulæ*), et quatre monnaies romaines qui font partie du musée de Verdun ; ce sont : deux grands bronzes à l'effigie de Domitien et de Faustine jeune, et deux petits bronzes de Constantin Ier et de Phocas. Ce même emplacement fournit, en 1869, six autres monnaies qui sont également conservées dans le musée de Verdun, ce sont : deux deniers d'argent à l'effigie d'Auguste et de Trajan, un moyen bronze de Néron, deux petits bronzes de Constans Ier, et un autre de Gratien.

D'après la tradition du pays il aurait existé, sur le lieu de ces trouvailles, une *villa* gallo-romaine qui servait de bureau des Domaines à l'agence fiscale.

La voie antique se bifurquait au nord de Mouzay : l'une des branches fournies par cette bifurcation obliquait à droite pour se rendre à Baâlon dont le sol a restitué un nombre considérable d'objets antiques ; nous la décrirons au chapitre suivant ; l'autre, qui continue la voie de Mouzay, se dirige sur Stenay où elle arrive en ligne droite : elle est connue dans le pays sous le nom de la Ligne.

C'est à proximité de cette voie et à égale distance de Mouzay et de Stenay, que les

(1) Cf. Procès-verbaux des séances de la Société Philomathique de Verdun, tome II, page 429.

ouvriers chargés de l'entretien du chemin, travaillant à l'extraction de la pierre, mirent à découvert en 1865, presque à fleur du sol, au lieu dit Champ-Sounain, près de la contrée de la Croix du Grand-Maître, trois sépultures avec squelettes, près desquels se trouvaient des vases ou urnes funéraires en terre, qui furent immédiatement brisées, des colliers composés de grains en verre et en terre émaillée, lesquels furent rejetés, des armes en fer fortement oxydées, des bagues et autres objets que les spectateurs prirent pour de l'or et qu'ils se hâtèrent d'emporter. Le musée de Verdun ne put obtenir que deux chétifs objets provenant de cette trouvaille; ce sont : une fibule ronde en bronze, ornée de lunules (Pl. XXIX, fig. 13), et un grain de collier en terre émaillée (Pl. XXI, fig. 4).

De ce point la voie se rendait à Stenay, localité d'origine antique, que les anciens titres désignent sous le nom de *Sathanagium* ou *Sathanacum*, et que quelques chroniqueurs nomment Sathan ou Saten, faisant dériver ce nom de *Sadorn*, Saturne, et *Tan*, feu, toutes étymologies que nous ne garantissons nullement. Cependant Strionissius, qui écrivait en l'an 483, dit qu'il existait à Stenay un temple consacré à Saturne, *Sadorn*, et que ce temple était célèbre dans tout le pays. Si cette assertion est exacte, pouvons-nous admettre, ainsi qu'on le croit généralement, que le temple cité par Strionissius était situé dans la partie de la ville appelée la Citadelle, laquelle supprimée et rasée en 1689, avait elle-même été construite sur l'emplacement d'un château avec murailles flanquées de tours ?

L'histoire nous fait connaître que les rois de la première race ont souvent séjourné à Stenay : on sait que Thierry, fils aîné de Clovis, y fit ériger, en 533, une chapelle ou église dédiée à St-Remy, dans laquelle il fut inhumé; Théodebert, son fils, et Théodebald, son petit-fils, y reçurent plus tard la sépulture; enfin Dagobert II, roi d'Austrasie, qui habita cette localité à titre de *villa regia*, y fut également inhumé après le meurtre commis sur sa personne en 679, dans la forêt de Mouzay dite depuis de Saint-Dagobert, où son corps fut retrouvé tout ensanglanté.

L'église de Saint-Remy s'élevait dans cette partie de la ville dite la Citadelle où avait existé un château entouré de murailles et flanqué de tours, probablement l'habitation royale. C'est là qu'on mit à découvert, en 1801, les vestiges d'un édifice antique, dont il restait encore une arcade sous laquelle se trouvait un siège en pierre, puis, à un demi-mètre de ce siège, un puits de quarante centimètres de diamètre à l'orifice, et dont la profondeur était immense. Cette rencontre fit présumer qu'on était en présence du sanctuaire impénétrable du temple payen, et que là devait se trouver l'autel sur lequel on égorgeait les victimes suivant l'usage antique; mais nous savons combien on est facilement porté à voir du mystérieux dans la moindre des ruines, et nous sommes encore à nous demander si ces dernières appartenaient au prétendu temple de Saturne, ou si elles ne faisaient pas plutôt partie du palais des rois Austrasiens.

Toutefois, une fouille entreprise sur cet emplacement vers la fin de l'année 1881, fit mettre à découvert, sous le sol de l'ancienne église de Saint-Remy dont il a été parlé plus haut, deux énormes pierres sculptées datant d'une époque bien antérieure à la construction de cette chapelle, et démontrant que les fondations de cette dernière avaient été établies au moyen de débris de monuments de la période gallo-romaine.

En effet, dans le courant du mois d'octobre 1881, M. Rivart, propriétaire de la plus grande partie du terrain occupé par l'ancienne citadelle de Stenay, fit exécuter des travaux de réparations dans le bâtiment voisin de la porte qui conduit à la ville, précisément à l'endroit où existait autrefois l'église de Saint-Remy, devenue plus tard celle du prieuré de Saint-Dagobert. En creusant le sol, les ouvriers remarquèrent des sculptures sur une pierre faisant partie des fondations d'une muraille intérieure; cette pierre fut dégagée avec soin, et l'on se trouva en présence d'un débris de monument orné, sur l'une de ses faces, d'un beau bas-relief, et sur l'autre, d'une superbe inscription datant des premiers siècles de notre ère. Ces deux côtés du monument, lesquels sont ajacents, portaient primitivement une corniche dont on voit l'emplacement, d'une part, au dessus du bas-relief, d'autre part au dessus de l'inscription; cette corniche aura été supprimée dans le but de rendre plus facile la pose de cette pierre dans le mur de fondation d'où elle fut sortie.

La face principale de cette pierre mesure quatre-vingt-sept centimètres de large sur soixante-seize centimètres de haut; on y voit, dans une légère cavité, qui occupe les deux tiers du monument et dont le fond était peint en rouge, deux personnages en relief, debout, en pieds, la tête nue et vêtus d'une tunique descendant jusqu'aux genoux; ils se font face presque symétriquement, et tiennent entre eux une tunique déployée, qu'ils semblent examiner comme on le ferait de nos jours chez un tailleur ou chez un marchand de vêtements confectionnés (Pl. VI, fig. 4).

On remarquera la grande analogie qui existe entre cette sculpture et celle de la pierre de Baâlon dont nous donnons le dessin à la planche VII, figure 2, de cet album : cette dernière représente un intérieur de magasin dans lequel deux personnages vêtus de la même tunique que ceux de la pierre de Stenay, déploient une pièce d'étoffe qu'ils soulèvent également entre eux; l'un de ces personnages tient à la main des ciseaux, sans doute pour couper à l'endroit que son vis-à-vis désigne en y apposant le doigt. Il semble que ces deux monuments appartiennent à la même époque et qu'ils sont l'œuvre du même sculpteur.

On connaît du reste un assez grand nombre de ces pierres tumulaires sur lesquelles

les défunts sont représentés avec les attributs de leur commerce ou dans l'attitude de leur profession. M. le docteur Emile Bégin, dans le tome Ier de son savant ouvrage intitulé : Metz depuis dix-huit siècles, donne le dessin d'une stèle analogue et du même type, trouvée à Metz aux environs de la porte Scarpenaise, représentant vraisemblablement un négociant ou un employé financier : on y voit deux personnages en pieds, l'un assis, l'autre debout, ayant entre eux un bahut au dessus duquel s'élève une sorte d'abaque ou tableau garni de boules qu'ils désignent de la main et qu'ils semblent compter. L'un des personnages, celui qui est debout, est vêtu d'une tunique semblable à celles que nous voyons sur le monument de Stenay ainsi que sur celui de Baâlon; la disposition des groupes est aussi à peu près la même (1).

Mais revenons à la pierre mise à découvert à Stenay : sur la face adjacente au bas-relief que nous venons de décrire, laquelle face mesure soixante-seize centimètres de large, se trouve l'inscription suivante composée de cinq lignes légèrement réglées, et écrite en belles lettres romaines, hautes de quarante-sept millimètres, se détachant sur un fond primitivement peint en rouge :

D·GIAMILLIO·TA
ET·VACCIAE·VE
GONIVGI·TAGI
MATRO NA·FIL
FECIT

Les dernières lettres des quatre lignes principales de l'épitaphe se trouvent très rapprochées de la tranche ou angle de la pierre, ce qui pourrait faire supposer que l'inscription se prolongeait au delà de cet angle. Nous ne pensons pas qu'il en ait été ainsi, et cela, parceque le retrait de l'angle précité laisse voir un bandeau latéral de taille antique et que, malgré divers éclats espacés, ce bandeau semble être assez régulier pour qu'on puisse en conclure que la pierre n'a pas été réduite ou diminuée de largueur; l'inscription est donc complète, et les derniers mots de chacune de ses quatre lignes sont figurés avec abréviations; autrement le mot *fecit* ne se trouverait plus occuper le centre de la pierre, et il y a tout lieu de croire qu'il y était placé symétriquement et intentionnellement.

Quoi qu'il en soit, et telle que nous voyons cette inscription, on comprend facilement que le monument sur lequel elle se trouve fut érigé par une matrone à la mémoire de Giamillius, son fils, et à celle de Vaccia, son épouse (Pl. VI, fig. 5).

(1) Cf. Metz depuis dix-huit siècles, par Emile Bégin, tome Ier, pl. 29.

M. Héron de Villefosse, le savant conservateur des antiques du Louvre, qui a publié dans le Bulletin épigraphique de la Gaule, une notice sur cette épitaphe, la reconstitue de la manière suivante :

D · GIAMILLIO · TA*cito*
ET · VACCIAE · VE*rae*
G O N I V G I · TAC I*ta*
M A T R O N A · FILI*o* · *k* (1)
F E C I T

Mais disons que l'auteur de cette notice suppose que la pierre est brisée à droite : ce qui ne peut être prouvé ; et si l'on admet la restitution proposée, le mot *fecit* se trouve trop rejeté sur la gauche, la première lettre de ce verbe étant placée entre le T et l'R de *matrona*, et la dernière sous l'N du dit mot : cette disposition n'a pas été observée dans la reproduction de l'inscription donnée par M. Héron de Villefosse (2).

L'auteur de la notice précitée dit que la face *opposée* à l'épitaphe porte un bas-relief représentant deux personnages drapés soutenant une tunique : c'est une erreur qu'il importe de rectifier : l'inscription est sur le petit côté droit de la pierre, celui qui est *adjacent* à la sculpture représentant les personnages ; une corniche surmontait ces deux côtés qui, l'un et l'autre, étaient enduits dans l'origine d'une peinture rouge dont on voit encore la trace ; ils semblent tous les deux avoir eu le même but, la même origine, et remonter non-seulement à l'époque des stèles de Baâlon et de Metz citées plus haut, mais aussi à celle du second monument trouvé également à Stenay et que nous allons décrire : ce dernier date incontestablement de l'époque du paganisme dont il reproduit les principales cérémonies funéraires.

Le nom de *Giamillius* qui figure sur cette pierre n'est pas tout à fait inconnu : la forme initiale de ce nom a été rencontrée sur l'une des stèles du cimetière gallo-romain de la fosse Jean-Fat, à Reims, décrite par M. Auguste Nicaise, de Châlons-sur-Marne (1). On possède en outre quelques monnaies gauloises sur lesquelles on lit *Giamilos*.

Disons encore que la face opposée à celle de l'inscription que nous venons de décrire ne porte aucune trace d'ornementation, mais seulement l'emplacement d'une corniche

(1) La lettre K supposée par M. Héron de Villefosse, représente selon lui le mot *Karissimo*.
(2) Cf. Bulletin épigraphique de la Gaule. — Mai-Juin 1883.
(3) Cf. Mémoires de la Société d'Agriculture, Sciences et Arts du département de la Marne, année 1882-1883.

qui fut supprimée en même temps que celles des deux autres faces; disons aussi que cette pierre présente, à la partie inférieure, une cavité de quarante-cinq centimètres de longueur sur trente centimètres de hauteur, taillée d'une manière très régulière, probablement pour recevoir une urne funéraire qui aura été enlevée.

Les fouilles ayant été continuées, on découvrit dans les mêmes murs de fondations une autre pierre de dimension à peu près semblable à la première, mais portant des sculptures sur trois de ses faces Ces sculptures sont malheureusement fort dégradées : leur mutilation remonte vraisemblablement à l'époque de la construction de la chapelle de Saint-Remy, époque à laquelle on supprima les hauts-reliefs qui pouvaient empêcher d'asseoir solidement la muraille que cette pierre devait supporter.

La grande face de ce monument mesure quatre-vingts centimètres de large et soixante-sept centimètres de haut : c'est le côté le plus fruste. On y voit une guirlande de fleurs partant des angles supérieurs et relevée au milieu par un double cordon d'attache, dont les deux bouts se prolongent en se contournant gracieusement de manière à garnir le centre du tableau; au dessous de cette guirlande, on aperçoit les traces de deux personnages debout, en pieds, vêtus et se faisant face, probablement un homme et une femme, dont l'un touche l'autre de la main.

Quoique ayant été martelé au moyen d'un outil dont la pointe a laissé de nombreuses traces obliques sur la pierre en en faisant tomber les parties en relief, le contour de ces personnages est conservé; mais les détails de cette sculpture ont disparu à tel point qu'il n'est plus possible de comprendre et de déterminer le motif représenté sur ce tableau : peut-être doit-on y voir simplement l'effigie des défunts (Pl. VI, fig. 1).

Le côté droit de la pierre mesure seulement soixante-seize centimètres de large; on y voit la représentation d'un sacrifice : au centre, se dresse un autel au pied duquel est allumé le feu sacré figuré par des flammes ondulées; le sommet de cet autel est occupé par un objet qu'il n'est pas possible de déterminer en raison de la mutilation qu'il a subie. Tout contre, à droite, on voit le sacrificateur qui est debout et qui touche de la main droite l'objet placé sur l'autel; il tient de la main gauche un objet devenu informe. Au côté opposé se trouve, aussi debout, une femme à chevelure pendante et vêtue d'une robe à larges manches; cette femme introduit l'une de ses mains dans une sorte de besace ou de sac qu'elle porte devant elle et d'où elle fait le simulacre de prendre les objets qui doivent être offerts en sacrifice (Pl. VI, fig. 2).

Le côté gauche du monument représente l'intérieur d'un appartement tendu de draperies frangées, dans lequel le sculpteur a figuré la cérémonie des libations : on y distingue, à droite, un personnage debout et incliné dont le corps est très mutilé, mais dont le bras et la main sont bien conservés; de cette main il présente une coupe ou un vase à pied à un vieillard qui semble être assis sur un siège plein, dont la base est garnie d'un tore ou boudin; ce vieillard a le bras en partie recouvert d'une draperie ou d'une écharpe frangée sous laquelle on distingue la main à demie fermée qui se dirige vers la coupe : ses doigts sont disposés plutôt pour bénir que pour saisir; devant lui se trouvent des restes de sculptures très informes ressemblant assez à des jambes de chiens fort mutilés; enfin, à gauche et tout contre le personnage assis, on voit une femme ou plutôt une jeune fille debout, dont le rôle ne peut être défini en raison de la détérioration de cette partie de la pierre (Pl. VI, fig. 3)

Les sujets qui viennent d'être décrits sont, comme on le voit, exclusivement relatifs aux diverses cérémonies des funérailles telles qu'elles étaient pratiquées dans les temps antiques ou du paganisme. Nous pensons que ces deux pierres, qui peuvent dater du IIIe siècle de notre ère, faisaient partie de deux monuments distincts, et que ceux-ci devaient avoir une assez grande élévation : c'est du moins ce que semblent indiquer les trous de louve creusés à la partie supérieure, dans le but d'en rendre l'exhaussement plus facile.

Ces deux curieux antiques sont conservés dans le musée de Verdun.

L'heureux résultat de cette petite fouille donnant lieu de présumer que d'autres débris antiques devaient être encore enfouis dans ce terrain, M. Rivart se proposait de continuer ses recherches l'année suivante; mais la mort vint le surprendre et les travaux qu'il avait si heureusement dirigés furent interrompus. Toutefois, il résulte de cette découverte que les deux pierres qui viennent d'être décrites faisaient partie non pas d'un temple dédié à Saturne, mais tout simplement de deux monuments funéraires de l'époque gallo-romaine, dont l'un érigé par une matrone à la mémoire de sa famille, et que ces curieux débris furent utilisés comme pierres de fondations lors de la construction de l'église de Saint-Remy dans laquelle, ainsi qu'il a été dit plus haut, plusieurs descendants de Clovis reçurent la sépulture.

C'est aussi à proximité de cette église qu'il fut mis à découvert, en 1833, plusieurs tombeaux antiques dans lesquels on recueillit une ou deux monnaies romaines; on y rencontra de plus le soubassement d'un édifice dont les ruines restituèrent une charmante petite cuiller à parfums en bronze, qui fait partie du cabinet de M. Lousteau, ingénieur à Paris (Pl. XXX, fig. 5).

Enfin, on y a trouvé, en 1873, dans une tranchée ouverte pour la reconstruction d'un mur dans la maison de M. Willems, entrepreneur du chemin de fer de la vallée de la Meuse, et en 1881, sur un point avoisinant, trois monnaies romaines qui sont conservées dans le musée de Verdun, savoir : un grand bronze à l'effigie d'Hadrien, un moyen bronze de Trajan, et un petit bronze de Magnence portant en légende : *Victoriæ d. d. n. n. aug. et caes.*

Divers travaux exécutés entre les années 1613 et 1660, à cent cinquante pas de la porte située à l'est de Stenay, sur le chemin qui conduit à Baâlon, firent découvrir des substructions ou restes de murs qui formaient plusieurs suites d'avenues souterraines; ces couloirs profonds séparaient des chambres dans lesquelles se trouvaient des fourneaux en briques de soixante à quatre-vingt-dix centimètres de long sur une largeur à peu près égale, et se rattachant à des cheminées en argile pétrie; le tout se reliait et formait un seul corps de construction.

On recueillit dans ces fourneaux et à proximité une quantité considérable de monnaies romaines en bronze, les unes éparses, les autres placées dans des pots en terre cuite : plusieurs de ces pièces appartenaient aux règnes de Claude Ier et d'Antonin; parmi elles se trouvait une monnaie grecque en or à l'effigie d'Alexandre le Grand.

Quelle était la destination de cette construction? on pourrait peut-être y voir les restes d'un hypocauste avec ses fourneaux et ses salles de bains? Nous laissons à d'autres le soin d'élucider cette question.

Au delà de Stenay la voie se rendait à Servisy près duquel on a trouvé, en 1813, une monnaie romaine en grand bronze à l'effigie de Commode; elle venait ensuite à Saint-Lambert, ancienne léproserie, puis ermitage converti en ferme, dans les terres de laquelle il fut mis à découvert, en 1864, plusieurs augettes ou sépultures à incinération formées au moyen de petites murailles en pierres brutes, avec dalles plates pour couvercles, renfermant des urnes cinéraires en terre. A côté de ces augettes, dont plusieurs à peu près semblables furent rencontrées à Flassigny (Pl. v, fig. 3), se trouvaient de grands sarcophages en pierres, aussi avec couvercles, sur l'un desquels était une inscription qui ne fut pas relevée; ces sarcophages renfermaient des armes en fer très oxydées et des urnes funéraires en terre.

De Saint-Lambert la voie se rendait par le sommet des côtes à Martincourt où, en creusant le lit du canal de la Meuse, on mit à découvert, en 1877, un dallage en briques formant deux assises séparées par une couche de ciment romain : ces briques étaient de très grande dimension, d'une pâte grossière, et rainées de cannelures destinées à donner plus de prise au ciment; quant au dallage, il faisait partie d'une antique construction dont les murs de fondations étaient cimentés au moyen d'un mortier granulé. Il fut recueilli dans ces ruines une monnaie romaine en bronze à l'effigie d'Antonin.

La voie se portait ensuite à Inor où elle arrivait en ligne droite. Le territoire d'Inor a quelquefois restitué des objets datant de l'époque antique : on y a tronvé, en 1853, une superbe hache en bronze, à ailerons et avec œillet au sommet, longue de dix-neuf centimètres, couverte d'une belle patine verte. Cette arme dont l'origine remonte à la période celtique est conservée dans le musée de Verdun (Pl. xxII, fig. 8).

Il y fut mis en outre à découvert, en 1872, lors des travaux exécutés pour l'établissement du chemin de fer de la vallée de la Meuse, diverses pierres taillées ayant fait partie d'un monument antique, et plusieurs auges ou sarcophages en pierre renfermant des ossements ainsi que des armes de l'époque franque ou mérovingienne.

Après avoir dépassé Inor, la voie tourne légèrement à gauche et vient longer, sur le territoire de Pouilly, la ferme dite Lavignette dans les terres de laquelle, en 1856, il fut également recueilli une belle hache celtique en bronze, à ailerons, avec sommet en croisant, longue de vingt-deux centimètres, laquelle fait aussi partie du musée de Verdun (Pl. xxII, fig, 7).

Cette voie est très connue sur le territoire de Pouilly : elle traverse le lieu dit les Grandes-Côtes où on la désigne sous le nom de Chemin des Romains. Les abords de cette route ont quelquefois restitué des monnaies antiques : il y a été recueilli, en 1883, une obole en bronze du règne de Constantin Ier, portant d'un côté une tête casquée et en légende le mot *Constantinopolis*, puis au revers, une insigne militaire ou *labarum* placé entre deux gardes, et en légende : *Gloria exercitus*. On y avait trouvé, en 1880, une monnaie en or qui fut immédiatement vendue à un orfèvre.

La voie se dirige ensuite sur Autréville, puis elle affleure le village de Moulins un peu au nord duquel elle sort du département de la Meuse pour pénétrer dans celui des Ardennes.

De ce point elle se rend à Mouzon (*Mosomo castrum*), sur l'antiquité duquel je dois donner quelques détails en raison des rapports qui existèrent un instant entre cette ville et le Verdunois. On sait en effet que Herman, fils de Godefroy-le-Captif, comte d'Ardennes et de Verdun, avait donné à l'abbaye de Saint-Vanne de Verdun, les droits qu'il possédait à Mouzon, c'est-à-dire le droit de péage et celui de battre monnaie.

Je dirai donc que la ville de Mouzon remonte à une haute antiquité et qu'on y a récemment recueilli, ainsi que nous l'apprend une notice de M. Héron de Villefosse, publiée dans le Bulletin épigraphique de la Gaule précité, deux monuments gallo-romains en pierre, qui furent rencontrés, à trois mètres de profondeur, dans une substruction parallèle au mur latéral de l'église alors en réparation.

L'un de ces monuments est une grande frise de quatre-vingts centimètres de hauteur sur soixante-dix centimètres de largeur, ayant dû faire partie d'un édifice d'une certaine importance ; cette frise représente en bas-relief la figure d'un Dieu assis et s'appuyant de la main gauche sur un sceptre; la poitrine est nue et les jambes recouvertes d'une draperie qui descend des épaules; un amour ou un génie, dont les ailes et la tête manquent, se dirige vers lui en volant.

L'autre pierre mesure un mètre vingt-trois centimètres de hauteur, et soixante centimètres de largeur; elle porte l'inscription suivante écrite en beaux caractères d'environ soixante-cinq millimètres de hauteur, formant six lignes légèrement réglées :

DIVIXTIL
LE·E·F·MAC
RINI·LEG
FILIE·C·
·F·C·

M. Héron de Villefosse, qui décrit cette pierre, pense qu'il s'agit ici d'un monument élevé à la mémoire de *Divixtilla*, fille d'un légat de Belgique nommé *Macrinus*, et que le texte de l'inscription doit appartenir au troisième siècle (1).

Les mêmes travaux, ajoute M. Héron de Villefosse, firent mettre à découvert, devant le portail de l'église, à environ deux mètres de profondeur, un pavé romain et de nombreux débris de vases antiques en terre rouge dont la présence fut signalée par M. Franco, entrepreneur des dits travaux.

L'origine de Mouzon remonte donc à une haute antiquité : cette ville avait une certaine importance sous les rois de la première race qui y possédaient un atelier monétaire fournissant des tiers de sous d'or sur lesquels se trouve la légende suivante : *Mosomo cas., castri* ou *castrum, Mosomo fiet, Mosomo castello*.

C'est à Mouzon que la voie dont nous avons indiqué le parcours se soudait sur la grande chaussée consulaire venant de Reims et allant à Trèves après avoir traversé Carignan, l'*Epoisso vicus* de l'itinéraire antique.

(1) Cf. Bulletin épigraphique de la Gaule, Mai-Juin 1883.

CHAPITRE II

EMBRANCHEMENT DE MOUZAY A BAALON
ET A THONNELLES

Nous avons dit au chapitre précédent que la voie antique qui traversait Mouzay se bifurquait un peu au nord de ce village, et que l'embranchement fourni par cette bifurcation se dirigeait sur Baâlon dont le sol restitue constamment de nombreux objets antiques ; il y arrive en effet après avoir traversé le bois du Chesnois et longé la côte dite Près de la Terre sur les pentes de laquelle on a souvent rencontré des sépultures de l'époque gallo-romaine : dans ce petit parcours, la voie est occupée aujourd'hui par le chemin dit des Foins de Mouzay.

Au delà de Baâlon, la voie gravit les pentes situées au nord-est du village et se porte sur la côte de Passenelle où, quoique défoncée et livrée à la culture, elle a laissé des traces bien certaines, qui sont connues et désignées dans le pays sous le nom de l'Ancienne voie romaine : les débris de son empierrement se composent de pierres concassées de diverses grosseurs et de fragments de ciment rouge qui, remués tous les ans par la charrue, occupent un espace de quinze à dix-huit mètres de largeur et se prolongent sur une longueur d'environ deux kilomètres.

L'antiquité de Baâlon est incontestable : on y a fréquemment rencontré des substructions ou ruines souterraines, des débris de monuments somptueux ainsi que de nombreuses sépultures, soit à incinération, soit à ensevelissement; on y a recueilli des haches ou instruments en silex, les uns taillés, les autres polis, et l'on y trouve journellement des monnaies gauloises ainsi que des monnaies romaines à l'effigie de presque tous les princes du haut et du bas empire.

L'importance de Baâlon aux temps antiques est probablement dûe à une mansion ou villa considérable qui existait au lieu dit aujourd'hui Villé, et à un camp ou poste fortifié situé sur le sommet de la côte Passenelle. Les retranchèments de ce camp sont en très grande partie effacés par la culture ; toutefois, ils étaient encore apparents à la fin du siècle dernier puisque le général Clairfait, qui commandait un corps de l'armée Autrichienne, lors de l'invasion de 1792, dit, dans son rapport, qu'une partie de ses troupes campaient à Baâlon sur l'emplacement d'un camp antique dont on voyait encore les traces. Le gros du corps d'armée occupait le grand plateau faisant suite à ce camp, plateau sur lequel sont en partie conservés les travaux de défense exécutés par les Autrichiens.

Le camp antique de Baâlon occupait la partie sud-ouest de la côte Passenelle qui affecte sur ce point une forme arrondie : il était protégé au sud par un large fossé encore apparent et mesurant cent soixante mètres de long ; sur les deux côtés se trouvent des pentes naturelles peu élevées. On ne voit plus le retranchement qui devait l'isoler au nord du reste du plateau ; mais d'après la configuration du terrain on peut évaluer à environ quatre cent cinquante mètres la longueur de ce lieu de défense ; quant à sa largeur, elle était de deux cents mètres (Pl. I, fig. 1).

La voie antique dont il a été question un peu plus haut traversait ce camp dans toute sa longueur en côtoyant ou à peu près les pentes situées vers le nord. Nous avons vu que les débris de ce chemin actuellement défoncé se composaient de pierres concassées de diverses grosseurs et de fragments de ciment rouge ; c'est parmi ces débris que M. l'abbé Lehuraux, de Baâlon, recueillit, en 1879, une jolie petite hache polie en silex, longue de huit centimètres, assez mince, avec taillant aux deux extrémités, et présentant cette particularité que, vers le milieu, se trouve une entaille transversale pratiquée intentionnellement, probablement dans le but d'en faciliter la ligature sur un manche quelconque (Pl. IV, fig. 7).

C'est aussi à peu près au centre du camp en question qu'on mit à découvert, en 1876, une énorme pierre cubique mesurant un mètre sur chaque côté, et présentant sur l'une de ses faces une inscription antique que nous avons le regret de ne pouvoir reproduire, cette pierre ayant été de suite réduite en petits fragments pour servir au rechargement de la route moderne.

Immédiatement au dessous et au sud du camp de la côte Passenelle, se trouve le lieu dit Villé où l'on rencontre des traces de constructions ainsi qu'un nombre considérable de monnaies antiques ; un peu plus au sud encore s'élève la côte le Bœuf dont les pentes situées en regard du village sont limitées par deux rangs de vieilles murailles en contrebas desquelles existent divers jardinages : c'est principalement sur cette côte le Bœuf qu'on mit à découvert en pleins champs de nombreuses sépultures. Voici le détail de quelques uns des objets exhumés du sol de Baâlon.

On y mit à découvert, en 1613, près du chemin qui conduit de Baâlon à Quincy, une augette ou pierre sépulcrale avec couvercle, renfermant deux urnes cinéraires en verre qui, à cause de leur beauté, disent les écrits du temps, furent envoyées au musée de Bruxelles.

En 1756, on exhuma du même sol deux augettes en pierre, remplies de cendres et d'ossements à demi-brûlés, parmi lesquels se trouvaient quelques monnaies antiques dont l'une à l'effigie de l'empereur Germanicus ; on y recueillit, la même année, une monnaie de Léon Ier, empereur d'Orient, mort en 474.

On y trouva, en 1806, une monnaie romaine en grand bronze, à l'effigie de Vespasien, au revers de *Judaea capta* (1).

Au mois de septembre de l'année 1809, M. Denis, de Commercy, y acquit cinquante-trois monnaies romaines de tous modules et à l'effigie de divers empereurs, dont il augmenta sa collection (2) ; on y avait également trouvé une monnaie gauloise en or, portant au droit une tête barbare, et au gauche un cheval en course.

Ce fut aussi en 1809, qu'on recueillit à Baâlon, deux superbes médaillons en bronze, dont l'un, à l'effigie de Postume, fut acquis par M. François Clouët, de Verdun ; l'autre à l'effigie de Victorin, porte au revers *Restitutori Galliarum*, et dans le champ, l'empereur debout, placé entre la Victoire et l'Abondance, relevant une femme prosternée à ses pieds ; on lit à l'exergue : *Victoria aug.* (Pl. XL, fig. 15). L'ouvrier propriétaire de cette très intéressante pièce, espérant en tirer un meilleur parti à Paris qu'en province, la fit présenter au Cabinet des médailles de la Bibliothèque Richelieu, dont l'un des conservateurs lui envoya la somme de six francs!.. Cinq ans après cette acquisition si avantageuse pour le Musée national, Mionnet, savant numismate qui décrivait ce médaillon, le signalait comme étant unique et le cotait à la somme de six cents francs (3) ; que ne vaut-il pas actuellement ?

En 1813, M. Denis acquit à Baâlon douze monnaies romaines qui venaient d'être trouvées sur le territoire de cette commune, au lieu dit Villé ; ce petit lot se composait de dix pièces en argent et deux en bronze, à l'effigie des empereurs ci-après : Auguste, Tibère, Trajan, Vespasien, Faustine jeune, Gordien Pie, Valérien, Gallien, Salonine et Constans. Ce même emplacement fournit en outre une bague en or avec cornaline portant en creux la figure de Mercure debout : ce petit bijou fut acquis par M. Lelièvre, propriétaire à Stenay.

(1) Cf. Narrateur de la Meuse, année 1806, tome IV, page 348.
(2) Cf. Narrateur de la Meuse, année 1810, tome XI, page 56.
(3) Cf. De la rareté et du prix des médailles romaines, Mionnet, édit. de 1815, page 301.

Il fut également recueilli, en 1813, dans les terres avoisinant le lieu dit Villé, un petit plat rond (*catinus*), en terre grise parsemée de poussière d'or, dans lequel se trouvait une bague formée de deux fils de verre entrelacés, et trois monnaies romaines en grands et moyens bronzes à l'effigie de Néron, Vérus et Julia Mamée ; tous ces objets furent également acquis par M. Lelièvre (1).

Vers l'année 1835, il fut exhumé du sol de Baâlon une sépulture antique renfermant, entre autres objets, un bracelet plat en bronze doré, orné d'un dessin courant, lequel fait partie du musée de Verdun (Pl. XXXI, fig. 3).

En 1840, lors de l'établissement de la route départementale N° 9, venant de Metz et allant à Lendrecies, on recueillit à quelques mètres à l'est du village, au lieu dit Villé, un certain nombre de monnaies romaines qui devinrent la propriété de M. Rousseau, propriétaire à Quincy ; ce sont : des grands bronzes de Vespasien et de Trajan, des moyen bronzes de Néron et de Marc-Aurèle, des petits bronzes de Postume, Victorin, Tétricus et Constantin Ier.

Le musée de Verdun s'enrichit, en 1854, de neuf deniers en argent précédemment et successivement recueillis sur le sol de Baâlon; ces monnaies, qui sont d'une très belle conservation, appartiennent aux règnes des empereurs Septime Sévère, Elagabale, Balbin, Philippe père, Trajan Dèce, Treboniagale, Volusien, Gallien et Salonine sa femme.

Dans le courant de l'année 1856, il fut mis à découvert au lieu dit Villé, quelques substructions ou restes d'habitations antiques dans lesquelles on recueillit trois objets qui sont conservés dans le musée de Verdun, savoir :

1° Un plateau en bronze, mesurant huit centimètres sur chacun de ses côtés, de forme carrée, à rebords et monté sur quatre pieds (Pl. XXVIII, fig 10);

2° Une petite tête en pierre sculptée, d'un assez mauvais état de conservation;

3° Un *ex-voto* en marbre blanc, représentant une main fermée (Pl. XI, fig. 2).

L'année 1857 procura au musée de Verdun une dixaine de monnaies romaines en grands, moyens et petits bronzes de Néron, Hadrien, Marc-Aurèle, Tétricus, Constantin Ier, Constantin II, Constantius II et Gratien.

Quatorze autres monnaies romaines parvinrent au dit musée dans l'année 1866, savoir : onze dans le mois de juillet, consistant en un grand bronze de Trajan, deux moyens bronzes de Claude et de Néron, une saucée de Gallien, sept petits bronzes de

(1) Cf. Narrateur de la Meuse, année 1813, tome XVIII, page 231.

Constantin Ier, Constans Ier, Constantius II, Magnence, ℞. *Felicitas reipublicæ*, Gratien, ℞. *Reparatio reipublicæ*; et trois dans le mois de décembre, savoir : un petit bronze d'Aurélien, deux moyens bronze de Maximien Hercule, ℞. *Genio populi romani*, et de Constance Chlore, ℞. *Felix advent. augg. n. n.*

En 1867, il fut mis à découvert, tout à proximité de Baâlon, une sépulture antique renfermant divers objets qui sont conservés dans le musée de Verdun, ce sont :

1° Deux fragments de vases ou urnes funéraires en terre grise ;

2° Une pierre à aiguiser de forme cylindrique ;

3° Une clef en fer, longue de ving-deux centimètres, dont le péneton est à double garniture (Pl. xxxviii, fig. 8).

4° Deux broches à œillets, aussi en fer ;

5° Un couperet ou instrument de sacrifice très oxydé, de même forme et de même dimension que ceux décrits par M. Duquenelle comme ayant été trouvés à Reims et qui figurent dans la riche collection de ce savant archéologue (Pl. xxxiii, fig. 7).

Le territoire de Baâlon restitua en 1869, trois monnaies romaines qui furent trouvées au lieu dit Villé, et qui demeurèrent en la possession de M. l'abbé Henrion, curé de Montigny-devant-Sassey ; ce sont : un quinaire en or à l'effigie d'Anastase Ier, portant au revers *Victoria augusta*, et deux deniers en argent, dont l'un à l'effigie de Trajan, ℞. *Cos. V. S. P. Q. R. Optimo principi.*, l'autre à celle d'Antonin, ℞. *Aurelius Cæsar aug. pii. f. cos.*

Le musée de Verdun s'enrichit, en 1870, de seize monnaies antiques recueillies sur le dit emplacement de Villé ; ce sont : un grand bronze de Trajan, un moyen bronze d'Hadrien, et quatorze petits bronzes de Victorin, Tétricus père, Claude le Gothique, ℞. *Felicitas aug.*, Constance Chlore, Constantin Ier, ℞. *Virtus exercit.*, Crispus, ℞. *Beata tranquillitas*, Constans Ier, ℞. *Felix temp. reparatio*, Magnence et Gratien, ℞. *Gloria novi sæculi.*

Ce même musée s'enrichit, en 1873, de vingt-deux monnaies romaines recueillies successivement sur le sol de Baâlon ; ce sont : un denier en argent à l'effigie de Julia Maesa, ℞. *Pudicitia*, et vingt et un petits bronzes de Postume, Victorin, Tétricus, Claude le Gothique, Constantin Ier et Constans.

On y trouva, en 1875, deux deniers en argent à l'effigie d'Hostilien, ℞. *Mar. prop.* (*Marti propugnatori*), et d'Aemilien, ℞. *Paci aug.*, qui font partie de mon cabinet.

Le sol de Baâlon restitua en 1876, six petits bronzes romains qui parvinrent au musée de Verdun ; ces monnaies sont à l'effigie de Victorin, Tétricus, Claude le Gothique et Constans Ier.

Ces diverses trouvailles m'avaient suggéré le désir d'effectuer quelques fouilles dans cette localité : je pouvais, comme correspondant du Ministère de l'Instruction publique, y consacrer une petite allocation mise à ma disposition pour les travaux que je jugerais devoir exécuter; je me décidai de suite lorsque j'eus appris qu'un habitant de Baâlon venait de rencontrer, en plantant des arbres dans son jardin, une quantité de pierres de taille, parfaitement travaillées, parmi lesquelles se trouvaient des portions de corniches, des fragments de colonnes, etc., qu'il utilisa dans un bâtiment alors en construction.

Je fis mettre ce terrain à découvert, en 1877, sous la direction de M. l'abbé Lehuraux, de Baâlon.

On y rencontra deux murs parallèles, construits en pierres de petit appareil (Pl. III, fig. 1, AA) à l'extrémité desquels se trouvaient cinq marches descendantes (C), conduisant à une salle souterraine (D), mesurant quatre mètres en tous sens, et dont les murs avaient encore deux mètres quatre-vingts centimètres de hauteur; l'un de ces murs (E), construit en pierres de très grande dimension et parfaitement jointes, avait à sa base une large ouverture (F),à moitié remplie de sable, qui semblait avoir servi de passage aux eaux venant du dehors.

On trouva en démolissant ce mur, vingt-trois tuyaux de chaleur alignés et placés à la suite les uns des autres (G); ces tuyaux en terre cuite, hauts de vingt-deux centimètres, portent sur les petits côtés une ouverture pour le passage de l'air chaud, et sur les grandes faces des rayures recroisées, faites pour happer le ciment qui les reliait à la muraille (Pl. XIX, fig. 3).

A l'un des angles intérieurs de la salle se dressaient deux massifs en maçonnerie, de forme carrée (H I), construits au moyen de petits moëllons polis et reliés ensemble par un ciment très dur. L'aire de cette salle ou chambre souterraine se trouvait à trois mètres cinquante centimètres au dessous du niveau du sol. L'intérieur était rempli de décombres dans lesquels gisaient des débris d'architecture en pierres du pays ayant subi l'action d'un feu intense, des fûts et des bases de colonnes, des fragments de marbre ayant dû servir au pavage, des débris d'enduits de murs revêtus d'une peinture verte et noire, de grandes tuiles plates à rebords, des fragments de diverses poteries en terre fine, d'autres en terre commune, et quelques monnaies. Les principaux objets recueillis sur cet emplacement sont conservés dans le musée de Verdun; ce sont :

1° Une pierre longue de un mètre sept centimètres, large de quatre-vingt-quatre centimètres, présentant des sculptures sur deux de ses faces adjacentes ; sur le côté principal, on voit une large arcade sous laquelle se trouve, en haut relief, un Génie aux ailes éployées, les bras étendus, et planant au dessus de deux personnages dont il ne reste que les têtes mutilées. Le Génie tenait de la main gauche un objet, peut-être une palme ou une guirlande dont on aperçoit l'attache sur le milieu du bras (Pl. VII, fig. 1).

Ce côté de la pierre ne représente que moitié de la largeur du monument; nous n'y voyons en effet que moitié de l'arcade dont la contre-partie se trouvait sur un autre bloc de même dimension qui n'a pas été retrouvé. On n'y voit également que la tête des deux personnages dont les corps étaient vraisemblablement sur les assises inférieures de l'édifice, assises qui, si nous tenons compte du développement du sujet, comparé au motif représenté sur l'autre face de cette pierre, étaient au nombre de trois ou de qua- tre au minimum. Le dessus de cette pierre porte en effet deux entailles, dites en termes d'architecture Trous de louve, au moyen desquelles on pouvait saisir et soulever cet énorme bloc à la hauteur voulue : ce bloc ne pèse pas moins de deux mille kilos.

Le sujet qui se trouve sur l'autre côté de la pierre est également sous une arcade (Pl. VII, fig. 2) : on y voit en haut relief, mais dans de plus petites dimensions, deux personnages debout, la tête nue, vêtus d'une espèce de tunique à larges manches, dé- ployant et tenant entre eux une étoffe qui se drape élégamment; l'un d'eux, celui de droite, tient à la main des ciseaux (*forcipes*), probablement pour couper à l'endroit in- diqué du doigt par l'autre personnage; dans le fond se trouve un pilastre au dessus duquel sont des bandes horizontales, qui semblent représenter des étoffes en pièces, ainsi qu'on les empile dans l'intérieur d'un magasin. L'arcade repose à droite et à gau- che du groupe ci-dessus décrit, sur deux petites niches carrées formant pilastres, dans l'une desquelles est un personnage de petite dimension, nu et vu de dos; le sujet de l'autre niche est très détérioré.

Les figures représentées sur cette face du monument sont vues seulement à mi-corps : elles devaient se compléter sur l'assise inférieure, au dessous de laquelle se trouvait probablement une inscription. Cette pierre, détachée depuis des siècles du monument qu'elle surmontait, gisait dans les remblais recouvrant les deux murs parallèles qui donnaient passage pour arriver aux marches descendantes dont il a déjà été question (Pl. III, fig. 1, B);

2° Une base de colonne cylindrique, à moulures rondes, en pierre du pays très fortement calcinée (Pl. VII, fig. 4);

3° Un fragment de frise ou de pilastre orné de fines moulures avec mascarons au centre (Pl. VII, fig. 3);

4° Une bague en bronze avec anneau bosselé et chaton aussi en bronze, sur lequel est une gravure en creux représentant un scorpion (Pl. XXXI, fig. 9);

5° Sept monnaies antiques dont une gauloise des *Catalauni*, coulée en potin, au type du Camulus, et six romaines, savoir : un denier en argent à l'effigie de Faustine mère, ℞. *Aeternitas*, et cinq petits bronzes de Claude le Gothique, ℞. *Consecratio*, Tétricus père, ℞. *Pax aug.*, Constantin Ier, ℞. *Soli invicto*, Constans Ier, ℞. *Victoriæ d. d. augg.*, Valens, ℞. *Securitas reipublicæ*.

Non loin de l'endroit où cette fouille fut pratiquée, on rencontra une stèle antique en pierre qui fait aussi partie du musée de Verdun : ce petit monument, haut de soixante-deux centimètres, dont les quatre côtés sont ornementés, présente, à la partie inférieure, un compartiment carré dans lequel se trouve un personnage en pied, nu, placé devant une draperie qu'il élève au dessus de la tête et dont il semble vouloir s'envelopper ou se débarrasser comme d'un linceul; ce même personnage figure dans la même attitude sur deux autres côtés du monument; il est remplacé sur le quatrième côté, celui de derrière, par un simple losange. Au dessus de ces compartiments s'élève une arcade ornée à l'intérieur de deux trois-feuilles adossés; la stèle se termine en pan coupé formant sur deux côtés un fronton triangulaire orné d'un trois-feuille simple. A la base de ce petit monument se trouve une entaille donnant accès à une cavité pratiquée intérieurement sous la stèle : c'est vraisemblablement l'entaille par laquelle on faisait le simulacre des libations (Pl. x, fig. 4).

Depuis cette exploration, le territoire de Baâlon n'a cessé de restituer des souvenirs des temps antiques : on y a recueilli, en 1878, divers fragments de vases, d'urnes et de soucoupes en terre, provenant de sépultures franques ou mérovingiennes; on y a également trouvé deux fragments de haches en silex : l'un poli, l'autre taillé; tous ces objets font partie du musée de Verdun, lequel s'enrichit en outre, cette même année, de vingt monnaies antiques recueillies sur le sol de Baâlon, savoir : deux gauloises des *Catalauni* en potin, au type du Camulus, deux moyens bronzes d'Agrippa et de Vespasien, un grand bronze de Marc-Aurèle, treize petits bronzes de Gallien, Tétricus, Claude le Gothique, Constantin Ier, Constans, Constantius II, et Valentinien Ier.

On y mit à découvert, en 1879, une augette ou sépulture à incinération en pierre, mesurant trente-sept centimètres de haut, sur quarante-trois centimètres de large, recouverte d'une dalle plate grossièrement taillée, et renfermant les fragments d'une grande urne cinéraire en terre, des cendres ainsi que des débris d'ossements calcinés (Pl. v, fig. 1); parmi ces débris se trouvait une petite fiole ou bouteille en verre blanc (Pl. xxi, fig. 12), et deux monnaies romaines en moyens bronzes, au type de Néron; tous ces objets sont conservés dans le musée de Verdun.

On y a trouvé, en 1880, un fragment de figurine en bronze ayant appartenu à une statuette de femme dont la tête est ornée d'une coiffure drapée laissant voir deux oreilles d'âne ou de lièvre : cet antique fait partie du cabinet de M. Henri de Franchessin, de Stenay (Pl. XXIV, fig. 2); puis une petite figurine également en bronze, représentant le buste d'un enfant vêtu et portant les cheveux courts : cette figurine est conservée par un habitant de Baâlon (Pl. XXIV, fig. 1).

On y a, en outre recueilli plusieurs objets qui font partie du musée de Verdun; ce sont : une petite fibule en métal patiné (Pl. XXIX, fig. 12), une monnaie romaine en grand bronze à l'effigie de Commode, ℞ ... *p. m. tr. p. XV. imp.*, huit en petits bronzes de Tétricus, Claude le Gothique, Constantin Ier, Constantin II, et une gauloise en bronze portant d'un côté un cheval allant à droite et tournant la tête à gauche entre deux cercles ou petites roues; de l'autre côté, le corps d'un aigle placé entre des instruments ou signes qui nous sont inconnus : cette pièce est inédite; on ignore à quel peuple elle a pu appartenir (Pl. XL, fig. 7).

L'année 1881 a fourni au musée de Verdun dix-huit monnaies romaines trouvées sur le territoire de Baâlon; ces monnaies sont : trois moyens bronzes à l'effigie de Néron, Antonin, Marc-Aurèle, et quinze petits bronzes de Tétricus père, Tétricus fils, Claude le Gothique, Constantin Ier, Constantin II, Constans Ier.

Le nombre des monnaies antiques récemment recueillies sur le territoire de Baâlon est, comme on le voit, assez considérable; il n'est pas sans intérêt de donner ici la liste de celles que j'ai pu vérifier soit chez quelques amateurs, soit dans le musée de Verdun qui en possède une grande partie.

Gauloises.

Catalauni,	type du camulus.....................	potin.
Leuci,	type du sanglier enseigne	potin.
Nemausus,	type du crocodile....................	moyen bronze.
Remi,	type des trois têtes....................	petit bronze.
Trevires,	type du taureau.....................	petit bronze.
Indéterminées,	type du cheval barbare...............	or.
id.	type de l'aigle......................	petit bronze.

Romaines.

	Or.	Argent.	Gr. bronze.	Moyen br.	Petit br.		Or.	Argent.	Gr. bronze.	Moyen br.	Petit br.
Auguste......	»	a.	»	m.b.	»	Domitien......	»	»	»	m.b.	»
Agrippa.......	»	»	»	m.b.	»	Trajan........	»	a.	g.b.	m.b.	»
Tibère	»	a.	»	»	»	Hadrien.......	»	»	»	m.b.	»
Germanicus	»	»	»	m.b.	»	Antonin........	»	a.	g.b.	m.b.	»
Claude	»	»	»	m.b.	»	Faustine mère....	»	a.	»	»	»
Néron........	»	a.	g.b.	m.b.	»	Marc-Aurèle.....	»	»	g.b.	m.b.	»
Vespasien	»	a.	g.b.	m.b.	»	Faustine jeune....	»	a.	g.b.	»	»

5

— 34 —

	Or.	Argent.	Gr. bronze.	Moyen br.	Petit br.
Vérus	»	a.	g.b.	»	»
Commode	»	»	g.b.	m.b.	»
Septime Sévère	»	a.	»	»	»
Julia Domna	»	a.	»	»	»
Elagabale	»	a.	»	»	»
Maesa	»	a.	»	»	»
Alexandre Sévère	»	a.	»	m.b.	»
Julia Mamée	»	a.	g.b.	»	»
Balbin	»	a.	»	»	»
Gordien Pie	»	a.	»	»	»
Philippe père	»	a.	»	»	»
Trajan Déce	»	a.	»	»	»
Hostilien	»	a.	»	»	»
Treboniagale	»	a.	»	»	»
Volusien	»	a.	»	»	»
Aemilien	»	a.	»	»	»
Valérien	»	a.	»	»	»
Gallien	»	a.	»	»	p.b.
Salonine	»	a.	»	»	»
Postume	»	»	médaillon	»	p.b.

	Or.	Argent.	Gr. bronze.	Moyen br.	Petit br.
Victorin	»	»	médaillon	»	p.b.
Tétricus père	»	»	»	»	p.b.
Tétricus fils	»	»	»	»	p.b.
Claude le Gothique	»	»	»	»	p.b.
Aurélien	»	»	»	»	p.b.
Maximien Hercule	»	»	»	m.b.	»
Constance Chlore	»	»	»	m.b.	»
Constantin Ier	»	»	»	»	p.b.
Constantin II	»	»	»	»	p.b.
Constans	»	»	»	»	p.b.
Constantius II	»	»	»	»	p.b.
Magnence	»	»	»	m.b.	»
Valentinien Ier	»	»	»	»	p.b.
Valens	»	»	»	»	p.b.
Gratien	»	»	»	»	p.b.
Théodose	»	»	»	»	p.b.
Magnus Maximus	»	»	»	»	p.b.
Constantin III	»	»	»	»	p.b.
Léon Ier	o.	»	»	»	»
Anastase	o.	»	»	»	»

Nous avons dit que la côte Passenelle, sur laquelle se trouvent les vestiges du camp dit de Baâlon, était traversée par un chemin antique dont on voit encore les traces : ce chemin qui est connu dans le pays sous le nom de la Voie Romaine, se dirige en ligne droite vers le nord-est, laissant à gauche Brouennes sur le territoire duquel, lors du redressement du chemin vicinal allant de ce village à Baâlon, il fut mis à découvert, en 1867, à une profondeur de trente centimètres, un tombeau en grosse maçonnerie, avec un long couvercle en pierre, renfermant un squelette dont la face était tournée vers l'orient; à gauche de ce squelette se trouvaient deux plaques en bronze ornées de dessins gravés au burin, et deux boucles de ceinturons en même métal; puis entre les pieds, un petit vase en terre rouge, non vernissé, de forme évasée, haut de soixante-cinq millimètres.

Un peu au nord et tout proche de Brouennes se trouve le hameau de Ginvry où l'on mit à découvert, en 1856, plusieurs sépultures antiques dans lesquelles il fut recueilli diverses monnaies en bronze, des ciseaux (forcipes) pour tondre la barbe et les cheveux, une grande épée à deux tranchants, dite spatha, plusieurs scramasaxes ou glaives empoisonnés, et une arme en forme de T dont la traverse longue de trente-quatre centimètres, présente un taillant bien prononcé; cette traverse, qui est en fer très oxydé, est portée sur une douille dans laquelle s'adaptait un manche en bois (Pl. XXXIII, fig. 6). On y recueillit en outre une plaque de ceinturon ou porte d'agrafe en cuivre étamé, percée à jour, avec déchiquetures représentant un personnage et un cheval de style très barbare dont les contours sont accompagnés d'une ligne gravée au burin ; sur le flanc du cheval se trouve une croix aussi dessinée au burin (Pl. xxv, fig. 7). Ces deux objets, qui semblent dater de l'époque mérovingienne, faisaient partie du cabinet de feu M. Amand Buvignier, de Verdun.

De ce point, le chemin antique se rend à Chauvency-le-Château, dit aussi Chauvency-les-Montagnes, un peu en avant duquel il franchit la rivière dite la Chiers ; on le voit reparaître sur les pentes de la côte située au nord de Chauvency. Après avoir atteint le sommet et parcouru un instant le plateau de cette côte, il pénètre dans le bois de Géranvaux qu'il traverse dans toute sa longueur, étant utilisé comme chemin vicinal ; puis, à la sortie de la forêt, il descend à Thonnelle où il se soude sur la voie antique allant de Senon au temple de Géromont dont nous donnons la description au chapitre VII de ce volume.

CHAPITRE III

VOIE ANTIQUE

DE VERDUN A MARVILLE ET A VIEUX-VIRTON

Nous avons vu, au chapitre Ier de ce volume, qu'une voie antique prenant naissance au nord-est du *castrum* Verdunois, c'est-à-dire au bas de la rue dite actuellement rue Saint-Pierre, parcourait la rue Chaussée où ses traces avaient été reconnues en 1863, et qu'elle franchissait la Meuse au point où Rodulphe de Torote, cinquante quatrième évêque de Verdun, fit construire, au XIIIe siècle, un pont qui est souvent cité dans les anciennes chartes sous les noms de *Pons Gravariæ, Pont à Gravière, Calceia ad Pontem ;* nous avons dit aussi que, au delà de la rivière, cette voie pénétrait dans les marécages où fut établie, de 1660 à 1680, la demi-lune dite de la Chaussée, sous le massif de laquelle se trouvait la bifurcation de deux chemins antiques.

L'un de ces chemins, que les actes publics de 1586 désignent sous le nom de la Givée devant la porte à la Chaussée, obliquait au nord pour se rendre tout d'abord au faubourg de la Galavaude, c'est le chemin qui conduisait à Stenay et à Mouzon, décrit, ainsi qu'il a été dit, au chapitre Ier de ce volume.

L'autre, celui dont nous allons nous occuper, se portait vers l'est; il était le prolongement direct de la rue et du pont dits de la Chaussée, dont les noms sont, comme on le voit, très significatifs. Cette voie est donc aujourd'hui recouverte par la demi-lune dite de la Chaussée : elle sort de la fortification par l'angle situé à quelques mètres au nord de la porte d'avancée, prolongeant ainsi la ligne droite qu'elle a affectée depuis son point de départ.

Les travaux entrepris en 1867, pour l'élargissement du canal situé sur les glacis extérieurs de la demi-lune, l'ont mise à découvert et ont permis d'en reconnaître le mode de construction : l'espèce de macadam dont elle est formée avait pris une telle consistance, une si grande dureté, que le Génie militaire, qui employait des manœuvres à la tâche pour l'enlèvement des terres, dut augmenter momentanément le prix du mètre cube creusé en cet endroit.

Pendant les quelques jours que dura cette opération, je recueillis, pour le musée de Verdun, un fer de lance de vingt et un centimètres de long et plusieurs monnaies romaines dont l'une en petit bronze à l'effigie de l'empereur Probus, ℞. *Salus aug.* Il avait aussi été trouvé, sur les accotements de cette route, une petite rouelle gauloise en bronze, à quatre rayons, que les ouvriers brisèrent pour en connaître le métal, et dont ils rejetèrent les morceaux, ne se doutant ni de l'ancienneté ni du mérite de cet objet.

De ce point, la voie continuait sa marche en ligne droite vers l'est pour entrer dans le faubourg du Pavé qu'elle traversait dans toute sa longueur et où elle est occupée aujourd'hui par la rue d'Etain : on la nommait anciennement la Pavée en raison de sa solidité et de son mode de construction; elle donna dans la suite son nom au faubourg qui se forma sur son parcours. L'entretien de cette voie a longtemps été à la charge de la Ville; celle-ci était tenue d'y pourvoir jusqu'à la chapelle dite de Saint-Urbain, appartenant à l'ordre de Malte et qui était située à l'extrémité du faubourg.

Ce faubourg a souvent restitué des monnaies antiques : il y fut trouvé, en 1854, dans les jardins avoisinant le passage de la chaussée dite la Pavée, une monnaie gauloise en or fin, au type de Pégase, de facture grecque, dont nous avons donné le dessin planche XLII, figure 18, du tome II de l'Archéologie de la Meuse.

On y recueillit, en 1871, une autre monnaie en or des *Trevires*, ou type du cheval en course surmonté de trois étoiles et du mot LVCOTIO, laquelle est également représentée sur la même planche que ci-dessus, figure 25.

On y trouva, en 1874, lors des divers travaux de reconstructions nécessitées par suite de la guerre, un certain nombre de monnaies romaines dont six parvinrent au musée de Verdun; ce sont : trois petits bronzes de Constantin Ier, un petit bronze de Constantin II, deux autres de Valens, ℞. *Securitas reipublicæ*, et de Gratien, ℞. *Gloria novi sæculi.*

L'année 1875 fournit au dit musée, un grand bronze à l'effigie de Trajan, et un moyen bronze à celle d'Hadrien, trouvés dans ce même faubourg.

Enfin, il y fut recueilli, en 1881, un grand bronze à l'effigie de Domitien et un petit bronze de Constantin Ier, qui font également partie du musée de Verdun.

La voie passait contre l'entrée du cimetière actuel près duquel il fut mis à découvert, en 1821, plusieurs sépultures franques ou mérovingiennes dans l'une desquelles se trouvaient une longue lame de glaive à deux tranchants, dite spatha, à l'usage des chefs ou des cavaliers, une boucle de ceinturon en fer et un umbon de bouclier aussi en fer (Pl. xxxviii, fig. 4). Ces sépultures gisaient à proximité du champ Saint-Jean où se trouvait anciennement la léproserie ou maladrerie dite des Grands-Malades.

Au delà du cimetière actuel de la ville, notre voie se bifurquait : l'une de ses branches continuait sa marche vers l'est et se rendait à Senon, comme nous le verrons au chapitre suivant; l'autre, celle dont nous nous occupons, obliquait vers le nord-est pour gravir la côte Saint-Michel, nommée anciennement Maubermont (*Malberti-Mons*), sur les pentes de laquelle il fut trouvé, en 1872, une monnaie romaine en or ou quinaire à l'effigie de Justinus, ℞. *Just. Vitonac.*, ayant pour revers une Victoire ailée d'un type barbare : cette monnaie fait partie du musée de Verdun.

Au sommet de cette côte se trouve la contrée dite la Valtoline où il fut recueilli, en 1868, une belle monnaie gauloise en potin, des *Catalauni*, au type du *Camulus* ou Mars gaulois, et, en 1869, un petit bronze romain à l'effigie de l'empereur Valentinien Ier, ℞. *Gloria romanorum*, lesquelles sont conservées dans le musée de Verdun.

La voie longeait le bois Saint-Michel où elle n'est pour ainsi dire plus qu'à l'état de sentier, et se rendait presqu'en ligne droite à Fleury; elle parcourt les hauteurs qui dominent ce village et se porte au nord sur Douaumont, anciennement Dewamont, où il fut mis à découvert, en 1750, sur la côte de l'ancien télégraphe aérien, une statue en pierre de Priape que, suivant le bénédictin Dom Cajot, le curé du lieu fit mettre en pièces à cause de son indécence (1).

J'y ai trouvé, en 1837, une belle hache celtique en silex poli, du type de celle qui est représentée sur la planche iv, figure 6, de ce volume, et une pointe de flèche en fer, à tête triangulaire (Pl. xxxv, fig. 14).

Au delà de Douaumont, la voie continue sa marche vers le nord et arrive en ligne droite un peu à l'est de la ferme des Chambrettes où elle est connue dans le pays sous le nom de Ancien Chemin de Marville. Après avoir croisé, près des Chambrettes, le chemin antique de Senon à Lochères et à Reims, décrit au chapitre XII, la voie oblique légèrement à l'est et se rend à Ornes où l'on a recueilli, en 1863, trois monnaies romaines en moyens bronzes qui sont conservées dans le musée de Verdun : l'une de ces monnaies est à l'effigie de Maximien Hercule, ℞. *Genio populi romani;* les deux autres sont frustes, mais elles semblent avoir appartenu au même règne.

On y avait déjà trouvé, en 1856, une petite sculpture en pierre représentant un lion, laquelle fait partie de mon cabinet (Pl. ix, fig. 7).

_____

(1) Cf. Almanach historique de la ville et du diocèse de Verdun, année 1775, page 29.

Au delà d'Ornes, la voie vient passer sous la côte qui fait tête à la forêt de Grémilly au sommet de laquelle, à la cote 310 de la carte de l'Etat-Major, se trouve un cimetière antique dont une partie fut mise à découvert en 1856. Les quelques sépultures qui en ont été extraites renfermaient des armes, des urnes funéraires en terre, deux grands vases en bronze et diverses monnaies romaines; on n'eut malheureusement connaissance de cette rencontre qu'après la dispersion ou la destruction de la plupart des objets auxquels les ouvriers n'attachaient aucun prix. Le musée de Verdun parvint néanmoins à obtenir pour ses collections quatre poteries en terre rouge et cinq monnaies provenant de ces sépultures; ce sont :

Une cruche à anse d'une assez jolie forme (Pl. xii, fig. 4) ;

Un vase dont la panse est ornée de fleurons (Pl. xvi, fig. 3) ;

Un autre vase à base pointue (Pl. xvi, fig. 4);

Une petite tasse ou soucoupe (Pl. xvi, fig. 5).

Quant aux monnaies, ce sont : un denier en argent à l'effigie de l'empereur Valens, ℞. *Urbs Roma*, un grand bronze de Faustine jeune, ℞. *Venus*, deux moyens bronzes de Trajan et de Faustine, et un petit bronze de Constantin Ier, ℞. *Soli invicto comiti*.

J'ai eu entre les mains une belle monnaie en or à l'effigie de Vespasien, ℞. *Pax aug.*, trouvée en 1873 sur le territoire de cette commune.

La voie passe un peu à l'ouest de Grémilly, puis elle se rend à Azannes dont elle traverse le village; elle se porte ensuite presque en ligne droite sur la ferme dite les Roises, dans les terres de laquelle il fut mis à découvert, en 1833, un bas-relief en pierre représentant un lion d'assez grande dimension, qui fut détruit après avoir longtemps séjourné dans la cour de la ferme : cette pierre mesurait quatre-vingt-dix centimètres de longueur, sur soixante-six centimètres de largeur (Pl. x, fig. 1).

A environ un kilomètre et demi à l'ouest des Roises, se trouve la ferme de Montaubé où naissent plusieurs fontaines dans l'une desquelles il fut recueilli, en 1870, une monnaie romaine en moyen bronze à l'effigie de Vespasien, qui est conservée par M. F. Chadenet de Verdun; le territoire de Chaumont, situé à proximité de ce lieu, a restitué, aussi en 1870, un grand bronze romain de Marc-Aurèle, portant au revers le mot *Consecratio*, et dans le champ un mausolée : cette monnaie de restitution fait partie du musée de Verdun.

Au delà des Roises la voie se porte directement à Romagne-sous-les-Côtes (*ad Romanas*), où il a été trouvé, en 1872, une monnaie gauloise en or, au type du cheval en course sous lequel est un double cercle pointillé : cette pièce est également conservée dans le musée de Verdun.

Après avoir traversé le village de Romagne, la voie incline légèrement à l'ouest pour se rendre sous la côte de Morimont, dite aussi Marémont, au sommet de laquelle se trouve un petit camp antique (*castrum*), dont les retranchements sont d'une parfaite conservation (Pl. ii, fig. 3).

Ce camp occupe la pointe orientale de la montagne; il est entouré de toutes parts de pentes rapides, excepté à l'ouest où se trouve une levée de terre (*agger*), encore haute de cinq à six mètres, précédée d'un large fossé qui l'isole du reste de la côte. L'intérieur de ce lieu de défense mesure trois cents mètres de long sur cent mètres de large; il présente à la surface une légère inclinaison dont la pente s'étageant par les mouvements naturels du sol forme une suite de gradins courbes et saillants. Deux entrées donnent accès à ce camp : l'une au nord-ouest, à l'extrémité de la levée de terre ou rempart; l'autre à l'est, à la pointe qui se trouve en regard de Romagne; c'est de cette porte que sort un petit chemin qui tourne brusquement au nord et descend obliquement les pentes de la montagne pour se rendre dans la plaine et se rattacher à notre voie antique.

Il n'est pas à notre connaissance que le terre-plein du camp dit de Morimont ait restitué des armes ou des monnaies : nous savons seulement qu'on y rencontre des fragments de briques calcinées et des débris de grandes tuiles plates à rebords.

Revenons à la voie antique que nous avons suivie jusque sous la côte de Morimont : cette voie y est totalement enfouie sous le sol; mais grâce à l'empierrement solide dont elle est formée et qui se trouve presque intact sous une épaisse couche de terre, elle est bien connue dans le pays où on la désigne sous le nom de Chemin de la Reine Blanche ou de la Dame Blanche; de plus, elle fut mise à découvert en 1846, dans la contrée dite la Haussière, lors des travaux de drainage exécutés sur l'emplacement d'un ancien bois défriché situé dans l'angle formé par la côte de Morimont d'une part, et la côte d'Hornn d'autre part : il en fut extrait un nombre considérable de pierres parmi lesquelles gisaient quelques ferrures pour chevaux de petite taille.

La voie passait à la ferme de Muraut sur le finage de laquelle on recueillit, en 1864, deux monnaies romaines en moyens bronzes à l'effigie des empereurs Antonin et Marc-Aurèle, et, en 1878, trois petits bronzes ou oboles à l'effigie de Tétricus. La voie longeait la côte d'Hornn, laissant à l'est le bois de Muraut dans lequel il fut trouvé, en 1868, un goulot de vase antique en terre rouge et à anses, lequel est conservé dans le musée de Verdun (Pl. xv,, fig. 9).

Au nord de la côte d'Hornn se trouve un mamelon isolé et presque inaccessible sur lequel s'élevait l'ancien château de Muraut (*castellum Mirenwaldi* ou *Mirowalt-castrum*), construit au XI° siècle par Pierre de Chiny, dit de Mirvault ou de Mirwat, maison de nom et d'armes éteinte, qui portait : *de gueules au cheval d'argent passant* (1) ; ce château était une forteresse baronniale, siége de la deuxième des quatre pairies de l'évêché de Verdun (Ornes, Muraut, Creüe et Watronville).

Après avoir longé les ruines de cette ancienne forteresse, la voie s'engageait dans la forêt de Damvillers qui est contigue au bois communal de Dombras où, dans le courant de l'année 1825, il fut mis à découvert, en déracinant un vieux chêne, une sculpture antique en pierre représentant une tête couronnée de pampres, qui semble avoir appartenu à une statue de Bacchus : cet antique est conservé dans les collections archéologiques du musée de Verdun (Pl. XI, fig. 3).

La voie se rend ensuite à Vittarville dont le sol n'a jusqu'à présent restitué aucun souvenir des temps antiques ; mais au delà de ce village elle venait à Delut, à l'ouest duquel il fut mis à découvert, en 1854, un cimetière considérable de l'époque franque ou mérovingienne, qui a fourni un assez grand nombre d'objets dont une partie est conservée dans le musée de Verdun ; ce sont :

Deux urnes funéraires en terre noire (Pl. XIV, fig. 4, et Pl. XV, fig. 1).

Un vase à long col orné de cercles tracés au pointillé (Pl. XII, fig. 3).

Une soucoupe en terre rouge (Pl. XVII, fig. 7).

Deux petites cruches en terre jaunâtre, à ouverture trèflée.

Une hachette en fer (Pl. XXXIII, fig. 5).

Trois lames de glaives de trente et un, quarante et quarante-sept centimètres de longueur (Pl. XXXIV, fig. 4).

Plusieurs lames de couteaux poignards de diverses formes (Pl. XXXIV, fig. 11 et 12).

Trois fers de lances ou de javelots, de vingt-six, trente-trois et quarante-sept centimètres de longueur (Pl. XXXV, fig. 6, 7, 8).

Trois pointes de flèches en fer, dont une plate et deux de forme quadrangulaire (Pl. XXXV, fig. 11, 12, 13).

Diverses boucles de ceinturons en bronze (Pl. XXVI, fig. 2, 3, 5, 6, et Pl. XXVII, fig. 3).

Une pièce ornementale ou d'équipement (Pl. XXVI, fig. 10).

Quelques petites boucles en cuivre étamé et diverses garnitures d'extrémités de courroies en même métal (Pl. XXVI, fig. 4).

Plusieurs boucles de ceinturons en fer (Pl. XXXVII, fig. 6).

Des ciseaux ou forces *(forcipes)* pour couper les cheveux ou la barbe (Pl. XXXIX, fig. 2).

(1) Le simple crayon de la noblesse des duchez de Lorraine et de Bar et des éveschez de Metz, Toul et Verdun, par Mathieu Husson l'Ecossois, 1674.

Quelques broches ou grands clous en fer avec œillets (Pl. xxxix, fig 8, 9, 10).

Des grains de colliers en verre et en terre émaillée (Pl. xxi, fig. 3).

Un bracelet en bronze (Pl. xxxi, fig. 7).

Deux plaques de fibules en cuivre dont l'une est cloisonnée.

Huit boutons en métal blanc (Pl. lx, fig. 3, 4, 5, 6).

Une petite balance avec ses plateaux en bronze (Pl. xxviii, fig. 14).

Une dent d'ours; cette dernière fut recueillie dans une sépulture d'homme où elle avait probablement été déposée comme un trophée de chasse.

Ce cimetière avait en outre restitué un assez grand nombre de monnaies antiques; mais elles furent en grande partie disséminées ou rejetées comme étant sans valeur : je ne puis en citer que six qui furent déposées dans le musée de Verdun en même temps que les objets ci-dessus mentionnés; ces monnaies sont :

1° Une gauloise en potin des *Leuci,* au type du sanglier enseigne;

2° Deux moyens bronzes à l'effigie d'Hadrien et de Faustine mère;

3° Trois petits bronzes de Tétricus et de Constantin Ier.

De Delut, la voie se rend directement à Marville (*Martis-villa*), dont l'origine remonte à une haute antiquité. Ce lieu doit en effet son nom à un temple ou à un autel dédié à Mars, situé au sommet de la côte dite aujourd'hui Saint-Hilaire, sur laquelle, d'après la tradition, il existait encore au VIIIe siècle une superbe colonne érigée en l'honneur du Dieu de la guerre. La chapelle qui s'élève actuellement sur l'emplacement de cette colonne, possède un autel formé d'une grande dalle en marbre noir, mesurant deux mètres cinquante-cinq centimètres de long sur un mètre trente-cinq centimètres de large, aujourd'hui montée sur trois colonnettes dissemblables, qui était, dit-on dans le pays, la pierre sur laquelle on égorgeait, au temps du paganisme, les victimes offertes en sacrifice sur la montagne; doit-on admettre une telle croyance? cette dalle n'aurait-elle pas été amenée dans cette chapelle, qui renferme déjà un si grand nombre de tombes, pour y être aussi employée comme pierre sépulcrale?

Diverses monnaies antiques ont été recueillies anciennement sur le territoire de Marville; mais elles ont été disséminées; celles qui ont été trouvées plus récemment et que j'ai pu obtenir pour le musée de Verdun, ont été rencontrées en 1874, principalement dans le jardin de M. Pigny-Bertignon, situé sur l'ancienne enceinte fortifiée de la ville; ces monnaies au nombre de neuf sont :

1° Un denier en argent à l'effigie de Néron;

2° Cinq grands bronzes des empereurs Hadrien, Marc-Aurèle, Commode, Maximin, ℞. *Fides militum,* Gordien Pie;

3° Trois moyens bronzes de Domitien, Hadrien et Antonin, ℞. *Concordia ;*

4°. Un petit bronze de Postume, ℞. *Victoria.*

Après s'être croisée à Marville avec le chemin antique qui conduisait de Senon au temple de Géraumont, lequel chemin sera décrit au chapitre VII, la voie venant de Verdun se porte au nord se dirigeant presque en ligne droite sur Flassigny un peu en avant duquel elle coupait un autre chemin, aussi d'ordre inférieur, venant de Romagne-sous-Montfaucon et allant au camp de Titelberg.

Le territoire de la commune de Flassigny recèle de nombreuses substructions qui gisent à quelques centimètres de profondeur sous le sol ; diverses sépultures y ont aussi été mises à découvert ; ces restes antiques ont été rencontrés :

1° Au lieu dit la Montagne où la charrue d'un laboureur fut arrêtée, il y a quelques années, par un massif de pierres sous lequel le propriétaire du champ mit à découvert une voûte de cave ou de chambre souterraine, puis un escalier de sept marches donnant accès à une salle de forme rectangulaire, assez spacieuse, dont les murs étaient construits en pierres de taille de petit appareil ; une petite niche de trente-trois centimètres de largeur avait été ménagée ou creusée dans le milieu de chacune des parois intérieures de cette pièce, deux de forme carrée, et deux de forme cintrée. Le sol de cette salle était couvert de fragments de grandes tuiles plates à rebords ; il s'y trouvait aussi des poteries de toutes sortes, noires et rouges, qui paraissaient avoir contenu une matière grasse semblable à de l'huile ; on y trouva également une broche ou aiguille en os ; mais aucun de ces objets ne fut conservé, et l'on se hata de combler cette cavité dont toutefois l'emplacement est encore bien connu.

2° Au lieu dit Petite-Ville où, sur un espace d'environ sept cents mètres de long sur trois cents mètres de large, on rencontre au moment des labours une grande quantité de fondations et de débris de constructions plus ou moins antiques.

3° Au lieu dit les Montants, d'où l'on exhuma, il y a peu d'années, une tombe ou auge en pierre d'une seule pièce, mesurant deux mètres de longueur, dont le contenu ne fut pas conservé.

4° Dans la contrée dite du Bois-Brûlé où tous les ans la charrue met à découvert de grandes tuiles plates à rebords, et où l'on recueillit en 1867, sous un énorme tas de pierres qui n'avaient pas été remuées depuis des siècles, divers objets dont deux en bronze, un médaillon en forme de cœur avec anneau pour la suspension, et une fibule dont la surface ronde est ornée de lignes courbes.

5° Dans la contrée de Harauchamp où il fut mis à découvert, en 1855, six ou sept augettes en pierres d'un seul morceau, fermées au moyen d'une dalle brute formant couvercle ; ces augettes étaient de différentes grandeurs, les unes mesurant quarante centimètres de long sur trente de large, les autres ayant seulement vingt centimètres de longueur sur quinze de largeur. Les plus petits de ces monuments renfermaient une cruche à long col, et les plus grands un vase ou urne cinéraire en terre d'assez forte dimension, contenant des os calcinés ou brûlés, mêlés avec de la cendre et du charbon pulvérisé. Indépendamment de l'urne cinéraire, l'une de ces tombelles renfermait un oiseau en terre cuite blanchâtre, un peu moins gros qu'un pigeon, ayant la tête haute, la queue basse et les yeux peints en noir, lequel fut de suite brisé ; deux monnaies romaines en bronze tout à fait frustes avaient aussi été trouvées dans ces sépultures ; mais le propriétaire du champ où posaient ces divers monuments laissa tout anéantir ; il ne conserva de cette trouvaille qu'une fibule en bronze émaillée de rouge et de bleu (Pl. XXIX, fig. 2), puis une augette qui n'ayant pas été détruite fait actuellement partie du musée de Verdun (Pl. V, fig. 2).

6° Enfin, au lieu dit Wargivilliers situé à six cents mètres au nord de l'église ; là se trouve une colline en forme de fer à cheval, dont les courbures encadrent une petite vallée au centre de laquelle on mit à découvert en 1865, à la déclivité de la côte, quatorze augettes ou tombelles carrées, placées deux à deux, parallèlement, à la distance de un mètre cinquante centimètres l'une de l'autre, et disposées sur deux lignes se dirigeant du sud au nord ; ces tombelles étaient placées dans l'ordre suivant : d'abord les plus petites au sud, mesurant vingt-cinq ou trente centimètres de côté ; ensuite les plus grandes au nord, ne mesurant pas moins de soixante-dix centimètres, et ayant toutes une profondeur égale à l'un des côtés.

Ces monuments funéraires étaient formés de dalles plates ou pierres brutes dont les interstices étaient souvent bouchés par de petites pierres, de manière à empêcher les infiltrations ; le tout était recouvert d'une grande dalle destinée à protéger le contenu des tombelles. Au centre de chacune d'elles se trouvait une grande urne en terre rougeâtre, renfermant des débris d'ossements calcinés, mêlés à de la cendre et à du charbon ; une assiette en terre servait de couvercle à ces urnes ; près d'elles posait une soucoupe en terre noire dans laquelle se trouvaient une ou deux monnaies romaines ainsi qu'une fibule en bronze, puis à côté, un ou deux autres vases plus petits et une fiole ou ampoule en verre (Pl. V, fig. 3).

Ces sépultures avaient donc eu lieu par incinération : on sait que la crémation, c'est-à-dire l'usage de brûler les corps des défunts fut généralement adopté dans les Gaules pendant les deux premiers siècles de notre ère ; nous sommes d'autant mieux fondés à faire remonter l'enfouissement de ces sépultures au premier siècle, que les quatre monnaies en moyens bronzes recueillies dans ces tombelles et qui sont conservées dans les collections archéologiques du musée de Verdun, appartiennent aux princes du haut empire ; l'une est à l'effigie de Marcus Agrippa, deux sont à celle de Tibère, la quatrième est de Caligula ; or, Caligula, successeur immédiat de Tibère, fut assassiné en l'an 41 de notre ère.

Malheureusement les objets exhumés de ces sépultures ne furent pas recueillis en totalité ; on sait que généralement les ouvriers, surtout ceux des campagnes, n'attachent aucun prix à ces sortes d'objets ; ceux-ci furent donc en partie brisés et jetés dans les remblais ; quelques-uns néanmoins purent être conservés et parvinrent au musée de Verdun par l'intermédiaire de M. l'abbé Cuny, alors curé de Flassigny ; ce sont :

1° Deux grandes urnes cinéraires en terre rougeâtre très mince et fort endommagées, encore remplies de débris d'ossements calcinés (Pl. xiii, fig. 1) ;

2° Quatre vases ou urnes funéraires en terre noire fine et d'une assez belle conservation (Pl. xii, fig. 5 et 7) ;

3° Deux cruches à anse en terre blanchâtre, l'une à panse anguleuse, l'autre à panse sphérique ; ces deux vases étaient remplis d'une eau très limpide (Pl. xii, fig. 1 et 2) ;

4° Une soucoupe en terre grise, et trois fragments d'assiettes portant au centre la marque ou estampille du fabricant (Pl. xvii, fig. 3 et 4) ;

5° Deux bols ou godets en terre rouge avec saillant très prononcé sur le pourtour de la panse (Pl. xvii, fig. 1) ;

6° Quatre autres plus petits, également en terre rouge, au centre desquels se trouve l'estampille du potier : ces bols étaient au nombre de douze, enclavés les uns dans les autres et posés de champ contre la paroi intérieure de l'une des tombelles ci-dessus décrites (Pl. xvii, fig. 2) ;

7° Deux petites fioles ou ampoules en verre très mince, dont l'une fort allongée et l'autre plus trapue (Pl. xxi, fig. 5 et 6) ;

8° Une boule creuse en verre très mince, percée d'un petit trou (Pl. xxi, fig. 7) ;

9° Une fibule ronde, sur laquelle se trouve un reste d'émail bleu (Pl. xxix, fig. 1) ;

10° Une grande et large fibule en bronze avec belle patine verte (Pl. xxix, fig. 3) ;

11° Cinq autres plus petites, également en bronze (Pl. xxix, fig. 4, 5, 6, 7).

Mais revenons à notre voie qui, après avoir traversé Flassigny, se porte vers le nord où elle passe un peu à droite de la contrée dite Wargivilliers dans laquelle se trouvaient les sépultures par incinération que nous venons de décrire ; cette voie est encore fréquentée, et les habitants du pays la connaissent sous le nom de Chemin du Trou d'Othe parcequ'elle conduit au village de ce nom. Elle laissait Bazeilles sur la gauche et se rendait à Velosnes en passant sous une côte dite Romanette, laquelle forme un mamelon triangulaire, isolé de toutes parts, au sommet duquel se trouve un petit camp dont les retranchements sont encore très visibles (Pl. II, fig. 2).

Ce camp, qui occupe la pointe située au nord du plateau de la côte, affecte une forme ovale mesurant cent cinquante mètres dans son grand axe et environ quatre-vingts mètres dans son petit axe. Il est défendu aux trois aspects de l'est, du nord et de l'ouest par des pentes abruptes, dont celles de l'est sont baignées par les eaux de la Chiers ; les pentes du nord s'étagent en quatre gradins d'un accès très difficile. Au sud se trouve une levée de terre ou rempart de trois mètres de hauteur avec fossé en avant, le tout dessinant une ligne courbe établie dans le but d'isoler ce lieu de défense du reste de la montagne. Près de la porte du camp, en dehors des retranchements, se trouve un puits d'un assez vaste diamètre dont l'orifice est fermé au moyen d'une énorme dalle en pierre : ce puits n'a jamais été fouillé.

L'intérieur de ce camp est parsemé de tessons de poteries, de débris de grandes tuiles plates à rebords et de pierres calcinées ; de tout temps on a rencontré sur cet emplacement des ferrailles ainsi que des monnaies qui ont été disséminées ; ces objets y deviennent assez rares aujourd'hui : aussi les recherches que j'y ai fait effectuer n'ont-elles eu qu'un minime résultat ; elles ont toutefois procuré au musée de Verdun :

1° Une boucle de ceinturon en fer, encore garnie d'un clou en bronze, et une lame de glaive, longue de trente-sept centimètres (Pl. XXXIV, fig. 8) ;

2° Douze monnaies romaines dont deux grands bronzes à l'effigie d'Antonin, ℞. *Salus aug. cos. III.*, et dix petits bronzes de Tétricus, ℞. *Pax aug.*, Dioclétien, ℞. *Jovi augg.*, Constantin Iᵉʳ, ℞. *Soli invicto comiti*, Constans Iᵉʳ, ℞. *Victoriæ d. d. augg.*, Constantius II, ℞. *Fel. temp. reparatio*, Valentinien Iᵉʳ, ℞. *Gloria romanorum.*

Le plateau de la côte qui se prolonge au sud du *castrum* est également défendu par des pentes rapides. On mit à découvert, il y a peu d'années, sur ce plateau, deux caves ou chambres souterraines voûtées en plein cintre, dont les matériaux furent en partie utilisés par les habitants de Velosnes ; un crâne humain et de nombreux fragments de poteries antiques se trouvaient dans la première de ces pièces ; il existait dans la seconde une porte murée donnant probablement accès à une troisième chambre dans laquelle on n'essaya pas de pénétrer. Disons encore qu'il fut trouvé, en 1863, au pied de la côte dite Romanette, une vingtaine de ferrures pour chevaux de petite taille.

La voie traversait Velosnes un peu à l'est duquel, entre ce village et le moulin de Torgny, on rencontre des vestiges de constructions antiques, parmi lesquelles gisent des fragments de grandes tuiles plates à rebords et de nombreux tessons de poteries que la charrue retourne chaque année.

En regard de ce point, à environ deux kilomètres à l'ouest de Velosnes, se trouve le bois de la Valle, dépendant de la commune de Bazeilles, à la pointe duquel, lieu dit les Cercueils, il fut mis à découvert en 1864, sur le versant de la côte, trois grandes auges en pierre avec couvercles plats, dont l'une renfermait un squelette accompagné de sept têtes ; près de ces auges, il s'en trouvait une autre beaucoup plus petite, également en pierre, contenant les ossements d'un enfant accompagnés d'une petite urne funéraire en terre.

La voie poursuivait sa marche jusqu'à la limite septentrionale du finage de Velosnes ; à ce point, elle sort du département de la Meuse et fait son entrée sur le territoire de la Belgique où elle se rend à Lamorteau, puis à Harnoncourt et enfin à Vieux-Virton, localité qui a restitué de nombreux débris et divers objets antiques dont on trouvera le détail au chapitre VI de ce volume.

CHAPITRE IV

VOIE ANTIQUE

DE VERDUN A SENON

La voie dont nous allons suivre le parcours avait une importance plus grande que celle qui lui est assignée par l'intitulé de ce chapitre : elle mettait Verdun en communication avec Trèves par le camp de Titelberg, d'une part ; d'autre part, avec Luxembourg d'où l'on arrivait aussi à Trèves ; mais comme ces deux routes se bifurquaient à Senon, duquel sortaient également d'autres voies antiques, ces voies seront décrites successivement et comme ayant toutes leur point de départ dans cette localité.

Le chemin qui conduisait à Senon ne faisait d'abord qu'une seule et même voie, à sa sortie à l'est de Verdun, avec la route antique se rendant à Marville et à Vieux-Virton, laquelle est décrite au chapitre précédent : il se détachait de cette route à un kilomètre et demi de la ville, un peu au delà du cimetière actuel, à l'entrée duquel il fut mis à découvert, en 1821, plusieurs sépultures antiques dont il a déjà été rendu compte.

La voie fournie par cette bifurcation se porte à l'est et vient jusqu'à la pointe de la côte Saint-Michel ; elle est occupée dans ce parcours par le chemin vicinal de Damloup dont elle se détache à l'entrée du bois l'Hôpital ; elle s'engage dans ce bois, longe le bois Brûlé et traverse celui dit la Laufée où elle est encore en surélévation au dessus du niveau du sol : quoiqu'elle ne soit plus fréquentée sur ce point, les habitants du pays la connaissent pour être une voie antique et la désignent sous le nom de Chemin des Romains.

Cette voie laisse à droite la fontaine de Tavannes au delà de laquelle s'élève la côte d'Eix dont le sommet est occupé par la contrée dite le Tombeau où se trouve un cimetière antique très considérable : déjà, ainsi que nous l'apprend le Narrateur de la Meuse, on y avait mis à découvert, en 1810, quatre tombeaux en pierre renfermant des squelettes dont les ossements étaient accompagnés de débris d'armures ; vers l'année 1832, des manœuvres occupés à extraire de la pierre pour l'entretien des chemins, rencontrèrent, sur cet emplacement, plusieurs autres sépultures renfermant des objets dont ils ne firent aucun cas ; ils gardèrent le silence sur cette découverte, brisant ou rejetant dans les remblais tout ce qu'ils trouvaient. Ils continuèrent leur œuvre de destruction pendant plusieurs années, durant lesquelles ils exhumèrent, comme ils le dirent ensuite, environ six cents tombes dont le contenu fut ainsi réduit à néant.

L'existence de ce cimetière nous fut révélée vers l'année 1850 : la plus grande partie du champ de repos était bouleversée, et il ne restait plus qu'une faible étendue de terrain à explorer. Avant de rendre compte des objets qui, à partir de cette époque, ont pu être recueillis, je consacrerai quelques lignes à la description de ce lieu de sépulture.

Le cimetière antique d'Eix se trouve dans une carrière située entre le bois de Tavannes au nord et la route d'Etain au midi, à la hauteur de la borne kilométrique portant le N° 8 ; il occupe en longueur les deux tiers de la carrière, et mesure cent vingt mètres de l'est à l'ouest. Sa limite au sud se trouve à quelques mètres d'un chemin d'exploitation qui traverse la carrière ; de ce point au nord, la largeur du cimetière varie de quarante à soixante mètres : cette différence tient à ce que dans la partie située au couchant, tout le terrain occupé par les sépultures a été fouillé, et que cette partie du cimetière fait hache sur plusieurs champs en culture formant limite au nord, et dont l'exploitation comme carrière n'a pas été permise : le sol de ces champs en culture abrite donc un certain nombre de tombes qui, grâce à cette circonstance, restent comme une preuve de l'existence de ce champ de repos.

Il résulte des observations faites par les carriers, durant le cours des fouilles primitives, que le cimetière se divisait en deux parties bien distinctes : à l'occident, se trouvaient les sarcophages en pierre les plus nombreux, les sépultures contenant les objets les plus riches ; c'est là qu'avaient été rencontrées plusieurs belles urnes funéraires en verre qui furent brisées, de longues lames d'épées à deux tranchants, de larges scramasaxes ou glaives caraxés, des boucles de ceinturons en bronze ciselées ou en fer magnifiquement ornementées, de beaux colliers à grains de verre ou d'ambre : c'était le haut bout, le côté le plus honorable, celui qui était réservé aux familles aisées. Les hommes y avaient été inhumés vêtus et avec leurs armes ; les femmes avec leurs vêtements, leurs bijoux et autres objets à leur usage.

Les sarcophages qui en avaient été exhumés étaient fermés au moyen de couvercles affectant trois formes différentes : quelques-uns consistaient en une grande dalle plate sans aucun ornement ; plusieurs autres étaient de forme prismatique ; mais le plus grand nombre étaient arrondis ou bombés à la partie supérieure, évidés en dessous, et ornés, ainsi que l'auge, de lignes droites très rapprochées, avec bordure unie sur le pourtour :

l'une de ces dernières tombes, qui est conservée dans le musée de Verdun, mesure un mètre quatre-vingt-quatorze centimètres de longueur (Pl. v, fig. 5).

Les sépultures situées au levant étaient généralement fort modestes ou faites à moins de frais : le plus souvent, les corps semblaient avoir été confiés à la terre simplement et sans abri; quelquefois une ligne de terreau noirâtre, dans laquelle se trouvaient des clous oxydés, indiquait que les corps avaient été placés dans des bierres ou cercueils en bois depuis longtemps détruits. Ces sépultures ne renfermaient que des objets de minime valeur : de petites lames de glaives ou de couteaux fort oxydés, des boucles de ceinturons ou autres en fer, la plupart sans ornement, et le traditionnel vase funéraire en terre grise. Ce côté semblait être celui du petit peuple.

C'est dans cette partie qu'il restait à exécuter quelques travaux, et c'est là que, assistant à plusieurs exhumations, je reconnus l'orientation des corps dont tous avaient la tête à l'occident, les pieds à l'orient, presque toujours la face inclinée au midi. J'y pris le dessin du squelette d'un jeune guerrier dont la tête était dans cette position : à la hauteur des reins se trouvaient la boucle et la plaque du ceinturon; deux lames de glaives ou scramasaxes se croisaient sur les cuisses; près de la main droite était un couteau à lame recourbée; au côté gauche, les fragments en bronze d'un fermoir de gibecière, et entre les pieds, une petite urne funéraire en terre (Pl. v, fig. 7).

Quelquefois le même sarcophage renfermait deux corps. Une autre particularité que nous devons signaler aussi, c'est qu'il fut mis à découvert dans ce cimetière, plusieurs fosses communes contenant un grand nombre de squelettes : l'une de ces fosses en renfermait dix-huit; on en a compté vingt dans une autre.

Ce cimetière est considéré comme datant de l'époque franque ou mérovingienne : c'est en effet ce que semble indiquer la nature des objets composant le mobilier des sépultures qu'on y mit à découvert. Ces sépultures ont, il est vrai, restitué deux ou trois objets pouvant dater d'une époque antérieure, savoir :

Une pointe de flèche en silex finement retaillé et avec tige, faisant partie du cabinet de feu M. Vielliard, d'Etain (Pl. IV, fig. 5).

Une rouelle en bronze à six rayons, qui est conservée dans mon cabinet (Pl. LX, fig. 17).

Deux anneaux, dits anneaux monnaies, aussi en bronze, faisant également partie de mes collections (Pl. LX, fig. 18 et 19).

Mais on sait que ces objets furent encore en usage à une époque bien postérieure à la date qu'on leur assigne généralement.

Les vases en verre étaient, ainsi que nous l'avons dit, assez nombreux dans la partie du cimetière située au couchant : leur forme était variée, et il y en avait de fort grands, avec anses et ornements ; malheureusement tous furent brisés et rejetés dans les décombres : nous ne connaissions pas alors l'existence de ces tombes ; mais depuis cette époque et d'après nos recommandations, trois petits vases en verre furent recueillis dans la partie pauvre du cimetière, c'est-à-dire dans la partie située au levant ; ce sont :

1° Une sorte d'ampoule ou vase à large goulot, en verre brunâtre orné de filets blancs très délicats et en relief ; ce vase faisait partie de la collection de feu M. Vielliard, d'Etain (Pl. xxi, fig. 10) ;

2° Une coupe ou vase à boire, en verre uni et verdâtre, laquelle est conservée dans le musée de Verdun (Pl. xxi, fig. 9) ;

3° Un gobelet à panse large et à fond pointu, appartenant à M. Lévy, de Verdun (Pl. xxi, fig. 11).

Les objets dont nous allons donner l'énumération sont en partie conservés dans le musée de Verdun ; le cabinet de M. Vielliard, d'Etain, en renferme aussi un assez grand nombre ; ce sont :

Diverses urnes funéraires en terre grise ou noire, ayant à peine subi la cuisson : ces urnes varient de forme et de grandeur ; elles ont le goulot plus ou moins allongé, et leur panse est généralement anguleuse ; les plus grandes sont presque toujours ornées de lignes ou de bandes circulaires formées au moyen de petites entailles ou empreintes en creux (Pl. xiii, fig. 2, 3, 6, 7, 8 et Pl. xv, fig. 2 à 8).

On y a également trouvé des plateaux ou soucoupes en terre rouge tout à fait ordinaire, ainsi que quelques petites cruches à anses et à goulot tréflé (Pl. xii, fig. 8).

Un grand nombre de glaives ou scramasaxes en fer, dont les lames épaisses et à un tranchant portent sur le plat une rainure destinée, dit-on, à recevoir le poison ; ces armes sont de diverses dimensions : elles mesurent trente-sept, cinquante ou soixante-cinq centimètres de long, poignée comprise (Pl. xxxiv, fig. 5 et 7).

Un grand fragment d'épée à double tranchant, à lame mince et étroite, dont la partie conservée mesure soixante-deux centimètres de longueur : la forme de cette arme rappelle les épées plates de nos jours (Pl. xxxiv, fig. 1).

Plusieurs fers de lances ou de javelots, également de diverses formes et de diverses grandeurs (Pl. xxxv, fig. 4 et 5).

Quelques pointes de flèches en fer (Pl. xxxv, fig. 15).

Un grand nombre de couteaux poignards de forme variée, quelquefois à lame triangulaire (Pl. xxxiv, fig. 14).

Plusieurs couteaux poignards à lame recourbée (Pl. xxxiv, fig. 15).

J'y ai trouvé un petit couteau également à lame courbe très oxydée, rongée par la rouille, dont le manche seul put être conservé : ce manche est en bronze et représente une levrette couchée, tenant un lièvre entre ses pattes de devant (Pl. XXIV, fig. 3).

Des forces ou ciseaux à deux branches (*forcipes*), d'environ vingt centimètres de long (Pl. XXXIX, fig. 3).

D'autres très petits n'ayant pas tout à fait huit centimètres (Pl. XXXIX, fig. 4).

On sait que les hommes de l'époque franque se servaient de ces instruments pour se couper les poils de la barbe : *Barba ad cutem secta forcipibus* (1).

Le cimetière d'Eix a aussi restitué plusieurs autres instruments en fer à une seule lame courbe dont le taillant placé sur la courbure semble indiquer que ces outils étaient employés de la même manière que les rasoirs dont se servent encore aujourd'hui les barbiers arabes (Pl. XXXIX, fig. 5).

Une grande clef en fer, longue de vingt-sept centimètres (Pl. XXXVIII, fig. 7).

Un éperon à ergot ou à pointe conique, type adopté par les Romains sous le nom de *calcar* (Pl. XXXVIII, fig. 5).

Un briquet pour tirer le feu du silex (Pl. XXXVIII, fig. 6).

Un grand nombre de boucles de ceinturons en fer, à plaques rondes ou coniques portant généralement trois têtes de clous en bronze (Pl. XXXVI, fig. 4).

Plusieurs boucles de ceinturons en fer, damasquinées ou incrustées de lamelles d'argent formant des dessins ou entrelas variés (Pl. XXXVI, fig. 1 et 2).

Des boucles de ceinturons en bronze avec clous bombés et généralement à bords dentelés (Pl. XXVI, fig. 1 et 9).

Deux boucles de ceinturons en alliage ou métal blanc très ductile, que les archéologues nomment cuivre étamé; ces boucles sont ornées de dessins ou entrelas tracés ou gravés au burin : l'une d'elle porte sur la tête de l'ardillon le dessin d'un cheval en course (Pl. XXV, fig. 6 et 8).

D'autres boucles en même métal, mais de plus petite dimension, accompagnées de leurs plaques (Pl. XXV, fig. 3, 5, 12, 13).

Une boucle jumelle avec la garniture des deux bouts de courroies, le tout en cuivre étamé (Pl. XXV, fig. 2).

Une pièce d'ornementation, aussi en métal blanc (Pl. XXV, fig. 4).

Une plaque carrée, également en cuivre étamé, portant une charnière sur l'un de ses

_____

(1) Cf. Sidonius Apollinaris, lib. IV, epist. 14.

côtés, et présentant à l'intérieur des découpures à jour qui simulent un **animal fantasti-**que (Pl. xxv, fig. 1).

Une fibule, forme sangsue, en même métal (Pl. xxviii, fig. 13).

Deux grandes plaques rondes découpées à jour et aussi en métal blanc : l'une est ornée de lunules, l'autre de petits points alignés (Pl. xxx, fig. 1 et 2).

Une grande fibule ronde en fer, avec traces d'incrustations ou de damasquinures en argent (Pl. xxxvii, fig. 3).

Une autre plus petite, plaquée de cuivre, sur laquelle sont enchassées trois verroteries bleues et deux morceaux de nacre (Pl. xxxvii, fig. 2).

Deux fibules avec émaux (Pl. lx, fig. 10).

Un bouton en bronze, creux et demi sphérique (Pl. lx, fig. 11).

Un autre avec compartiments émaillés sur le pourtour et crochet d'attache par derrière (Pl. lx, fig. 9).

Plusieurs petits boutons en argent ou en métal blanc, dont quelques uns sont ornés d'une rangée de petits ronds (Pl. lx, fig. 12).

Une petite plaque en bronze de forme trilobée, portant en dessous un crochet d'attache carré et incliné (Pl. lx, fig. 13).

Deux anneaux en bronze, dont le sommet usé par le frottement indique qu'ils ont été longtemps suspendus et portés (Pl. xxxi, fig. 1 et 2).

Une bague en bronze avec chaton sur lequel se trouvent des caractères ou signes inintelligibles (Pl. xxxi, fig. 12).

Plusieurs autres bagues également en bronze, dont deux portent sur le chaton une croix ou marque du christianisme (Pl. xxxi, fig. 10, 11, 13 et 14).

Une petite cueiller à parfums aussi en bronze (Pl. xxx, fig. 3)

Des fragments de peignes en os.

Deux épingles aussi en os (Pl. xxx, fig. 4 et 6).

Un bracelet composé de onze grains en verre et en terre émaillée, qui se trouvaient près du poignet d'un squelette (Pl. xx, fig. 1).

Un collier composé de quarante-neuf grains en verre, en terre émaillée et en succin ou ambre jaune, parmi lesquels se trouvait une monnaie romaine en petit bronze à l'effigie de Constantin Ier : cette monnaie était percée d'un trou et avait dû faire partie du collier (Pl. xx, fig. 2).

Un autre collier composé de cinquante-cinq grains en ambre ou succin, en verre, en terre émaillée et de deux monnaies en petits bronzes à l'effigie de Claude le Gothique et de Valentinien II : ce collier entourait le cou d'un squelette près duquel se trouvaient, à la hauteur des oreilles, deux pendeloques en verre bleu que nous avons réunies au collier (Pl. xx, fig. 3).

Enfin un collier assez considérable, composé de soixante-trois grains en verre et en terre émaillée, la plupart assez gros et dont l'un surtout est de très forte dimension : ce dernier est en verre émaillé (Pl. xx, fig. 4).

Les grains en ambre ou succin sont généralement de forme irrégulière, pour ainsi dire à l'état brut. Ceux en terre sont pour la plupart en pâte rouge avec dessins jaunes, ou en pâte noire avec dessins blancs ; ils ne sont cependant pas tous émaillés, et il s'en trouve de mochromes qui sont en pâte rouge, verte ou jaune. Les grains en verre sont généralement lisses ; cependant, il y en a plusieurs à côtes de melon, et d'autres qui sont ornés d'un feston faisant une saillie très prononcée : ils sont ou couleur de verre naturel ou teintés, les uns en bleu foncé, les autres en jaune pâle.

Le cimetière d'Eix restitua, en 1855, une sépulture d'enfant que nous considérons comme étant fort intéressante en ce qu'elle renfermait tout un mobilier ou assortiment complet d'objets en rapport, par les dimensions, avec la taille du défunt : ces objets sont en bronze étamé et portent des dessins gravés au burin, en creux et d'une très grande simplicité ; ce sont :

Une boucle moyenne de ceinture avec sa plaque carrée (Pl. xxviii, fig. 3 et 4).

Deux autres boucles plus petites, également avec plaques carrées (Pl. xxviii, fig. 5).

L'armature des courroies de ces deux boucles (Pl. xxviii, fig. 6 et 7).

Quatre pièces d'ornement en forme de petites équerres (Pl. xxviii, fig. 2).

Trois appliques en forme de croix à branches égales (Pl. xxviii, fig. 1).

Quatre autres en forme d'oiseaux (Pl. xxviii, fig. 8 et 9).

Cette sépulture renfermait en outre un petit vase ou urne funéraire en terre grise, et une coquille marine de la famille des porcelaines (*Cyprœa*) ; ces divers objets font partie du cabinet de feu M. Vielliard, d'Etain.

Le coquillage marin dont il vient d'être fait mention n'est pas le seul qui ait été rencontré dans les antiques sépultures d'Eix : l'une des tombes précédemment exhumées dans ce cimetière avait déjà restitué une coquille du genre *cyprœa*, originaire de l'Océan, presque réduite à l'état de pétrification, et dont les couleurs sont entièrement altérées par suite d'un long séjour dans des terrains essentiellement calcaires. Ce coquillage provenant de mers lointaines et trouvé parmi des objets appartenant incontestablement à l'époque franque ou antique, nous semble être un fait assez curieux pour que nous ayons à le signaler : cet objet est conservé dans le musée de Verdun (Pl. xL, fig. 8).

Indépendamment des trois petits bronzes romains faisant partie des colliers cités plus haut, le cimetière d'Eix a restitué quelques autres monnaies, mais en si petit nombre qu'il est à présumer que, en raison de leur peu de valeur, elles n'ont pas su fixer l'attention des carriers qui auront négligé de les recueillir : M. Vielliard en possédait quelques unes dont je n'ai pas eu le détail ; celles que j'ai pu obtenir pour le musée de Verdun sont un moyen bronze de Vérus, un grand bronze de Commode, trois petits bronzes de Constantin Ier, de Constantius II et de Gratien.

Comment le cimetière d'Eix, si isolé des centres d'habitations, a-t-il pu acquérir une telle importance ? Le grand nombre et la richesse des sépultures qu'il renfermait porte à croire qu'il ne servait pas seulement aux chétives populations environnantes ; mais peut-on admettre que la cité Verdunoise, qui en est distante de huit kilomètres, ait quelque fois eu recours à ce lieu de sépulture ? nous n'essayrons pas de trancher cette question ; disons seulement que le cimetière d'Eix est placé sur une montagne située au levant et tout à fait en regard de Verdun, et que les fosses qu'on y a mis à découvert ont restitué un grand nombre de clous ou crampons en fer ayant probablement dû servir au transport des cercueils.

Mais revenons à notre voie antique : nous la retrouvons, à l'est du bois la Laufée, descendant le petit mont dit de la Queue où elle est réduite à l'état de sentier. Un peu au nord de ce point, se trouve la côte du Cerisier sur laquelle on entreprit, en 1882, la construction du fort établi sur la limite des territoires de Vaux et de Damloup : les travaux d'exécution de ce fort amenèrent la découverte d'un sarcophage en pierre dont le couvercle n'existait plus ; les ossements qu'il renfermait avaient été remués et déplacés : cette tombe avait donc été fouillée très anciennement ; près d'elle se trouvaient une quinzaine de sépultures sans abri, dont les squelettes étaient accompagnés d'objets de l'époque franque ou mérovingienne, lesquels furent en partie brisés ou disséminés. Ceux de ces objets que le service du Génie militaire put recueillir et qu'il voulut bien déposer au musée de Verdun sont :

Une spatha ou longue épée à deux tranchants, à l'usage des chefs ou des cavaliers.

Trois lames de glaives non caraxés, à un tranchant, assez bien conservées.

Plusieurs lames de couteaux fortement oxydées.

Trois boucles de ceinturons de moyenne grandeur, dont une ronde et deux coniques, en métal blanc dit cuivre étamé, ornées de ciselures ou dessins gravés en creux (Pl. XXVII, fig. 7, 8, 9) ; trois boucles plus petites en même métal (Pl. XXVII, fig. 4, 5, 6), et diverses garnitures de courroies aussi en métal blanc.

Quatorze boucles de ceinturons en fer de diverses grandeurs, avec plaques carrées ou oblongues, portant pour la plupart des traces ou restes d'incrustations avec lamelles d'argent.

Un fragment d'éperon en fer.

Trois forces ou ciseaux (*forcipes*) pour couper la barbe.

Plusieurs broches ou grands clous en fer.

Les fragments d'un grand vase en verre teinté de jaune.

Quelques urnes funéraires en terre grise ou noire (Pl. xiv, fig. 2 et 3).

Un bol en terre grise (Pl. xvii, fig. 8).

Le territoire de Vaux-devant-Damloup avait restitué précédemment une hache polie en silex qui fut trouvée, en 1877, au lieu dit la Grande-Fin ; cette hache est conservée dans le musée de Verdun (Pl. iv, fig. 8).

Au delà du mont de la Queue où, comme il a été dit, la voie est réduite à l'état de sentier, celle-ci s'engage dans les vignes dites de la Levée, ainsi nommées en raison de la surélévation de l'antique chaussée ; sur ce point, elle a encore un mètre de large, et les habitants de Damloup la nomment le Chemin des Romains ; les actes publics lui donnent aussi cette dénomination, et d'après la tradition, elle serait le Vieux chemin de Longwy : on ne peut donc douter de l'authenticité de cette voie quoiqu'elle soit en partie utilisée comme chemin vicinal. Elle se tenait un peu au nord de Dicourt, dont le fermier avait recueilli, en 1834, aux abords du chemin antique, plusieurs monnaies romaines qui furent acquises par M. Bression, père, orfèvre à Verdun ; parmi ces monnaies se trouvaient deux moyens bronzes, l'un à l'effigie de Domitien, et l'autre, beaucoup plus rare, à celle de Gordien d'Afrique.

Le musée de Verdun conserve un denier d'argent à l'effigie de Julia Domna, femme de Septime Sévère, au revers de *Hilaritas*, trouvé en 1873 sur le territoire de Damloup.

Le chemin descend ensuite à la Perrière où il a été défoncé ; mais les débris de cette voie reparaissent tous les ans lorsqu'on laboure les champs qu'elle traversait ; il franchit la prairie des Grosses-Saules où il est enfoncé sous le sol ; on en voit les traces dans la saison de la Grande-Fin, notamment au lieu dit Mainborse où chaque année la charrue en ramène les débris à la surface des terres. On trouve dans cette contrée de Mainborse des fragments de grandes tuiles plates à rebords et des pierres taillées qui ont appartenu à des constructions antiques.

De ce point, la voie se dirige sur la contrée dite Bois-des-Dames, puis elle longe le bois de Nobras au delà duquel elle traverse l'étang de Gravière situé sur le territoire de Dieppe. Cette voie, qui était connue à Dieppe sous le nom de la Chaussée Romaine, fut défoncée en 1840 : les ouvriers chargés de cette opération rencontrèrent, dans les remblais ou sur les accotements du chemin, l'un de ces instruments en fer que la plupart des archéologues nomment hipposandales et qu'ils considèrent comme ayant servi à garantir les pieds malades des chevaux ou comme ayant été à l'usage des bœufs engravés ; nous avons mentionné dans notre tome Ier plusieurs objets de ce genre ou à peu près semblables : celui qui fut trouvé sur le territoire de Dieppe est armé de quatre fortes pointes faisant saillie en dessous ; quelques savants ont pensé que ce dernier ne devait être qu'un sabot d'enrayoir (*Sufflamen*), destiné à être placé sous la roue d'une voiture lors de la descente des côtes : cet objet faisait partie du cabinet de feu M. Clouët, de Verdun (Pl. XXXVIII, fig. 1 et 2).

La voie laisse Haraigne un peu au sud et se dirige sur le bois Macé dans l'intérieur duquel on peut la suivre ; elle passe sous l'étang de Franquino situé près de Mogeville sur le territoire duquel on rencontre, aux lieux dits la Moutarde et à Mazère, des substructions, des monnaies et des objets antiques : on y a trouvé, en 1868, une monnaie romaine en argent, à l'effigie de Vespasien portant au revers les têtes en regard de Titus et de Domitien, avec la légende : *Cæsar aug. f. cos. Cæsar aug. f, pr.*, et en 1874, deux moyens bronzes d'Hadrien et de Faustine jeune.

A partir de ce point, la voie se porte en ligne droite vers l'est ; elle vient passer un peu au sud de Morgemoulins, village près duquel il fut rencontré, en 1834, au lieu dit Fontaine de Thiéronville, des traces de constructions antiques, des fragments de grandes tuiles plates à rebords, puis, parmi ces débris, une monnaie en grand bronze à l'effigie de Marc-Aurèle ; cet emplacement restitua en outre un objet d'une assez grande valeur, je veux dire une statuette en bronze, haute de vingt-cinq centimètres, couverte d'une belle patine et d'une admirable conservation, représentant un sénateur romain debout et vêtu de la toge : ce bel antique faisait partie de la collection de feu M. Clouët, de Verdun (Pl. XXIII, fig. 3).

Au nord de Morgemoulins se trouve le village de Gincrey sur le territoire duquel on a trouvé, en 1863, deux petites clefs en bronze qui sont conservées dans le musée de Verdun (Pl. XXXII, fig. 4 et 5).

Après avoir dépassé Morgemoulins, la voie se rend en ligne droite à environ soixante mètres au nord du village de Foameix où elle a été mise à découvert et reconnue, en 1860, lors de l'établissement de la route actuelle ; les agents-voyers qui dirigeaient la construction de cette route firent couper la voie antique afin d'en étudier la structure ; ils reconnurent que le *Summum dorsum* de cette voie était formé de petites pierres concassées mêlées avec du sable ayant acquis la consistance d'un mortier très-solide ; sous cette couche, s'étendait un lit de gravier ; au dessous, se trouvait une assise de pierres assez grosses, placées de champ et rangées de manière à faire dire aux ouvriers que ce chemin était hérissonné ; l'empierrement total de la chaussée se trouva être de vingt centimètres d'épaisseur.

Les environs de Foameix ont aussi laissé voir des traces de constructions antiques ; elles se révèlent un peu au sud du village, dans la contrée dite Entre-deux-Villes, où l'on rencontre de nombreux fragments de grandes tuiles plates à rebords, des débris de briques d'appareil et des tessons de poteries.

La voie traverse Ornel ; au delà de ce village, elle longe le bois le Prieur dans lequel on a également rencontré des subtructions ou traces de constructions antiques; puis elle continue sa marche vers le nord où, pour se rendre à Senon, elle laisse un peu à l'est le village d'Amel.

Le territoire d'Amel est donc contigu à celui de Senon; mais il n'a pas comme ce dernier, du moins jusqu'à présent, laissé voir de ces ruines ou constructions antiques si abondantes à Senon : on n'y trouve que quelques fragments de tuiles plates à rebords qui semblent être perdues isolément dans le sol; toutefois il restitue un nombre considérable de monnaies, et c'est principalement dans l'espace compris entre les deux villages qu'on les rencontre. Aussi dans la nomenclature qui en sera donnée un peu plus loin, réunirons-nous le produit de ces deux localités dont les terres se touchent.

Le village de Senon semble avoir eu une certaine importance à l'époque de l'occupation romaine ; cette supposition résulte des nombreuses ruines qu'on y rencontre : le sol des environs du village est couvert de débris de tuiles plates à rebords (*Hamatæ tegulæ*), de briques d'appareil avec et sans stries, de tessons de poteries, de fragments de meules (*Mola manuaria* ou *trusatilis*) en pierre volcanique.

Il y fut trouvé, vers 1840, un petit groupe en bronze, haut de neuf centimètres et demi, représentant le polichinelle antique, Macchus, assis sur un vase renversé d'où part une tige en fer qui servait à le fixer : cet antique est conservé par M. Xavier Clouët, de Fresnes-en-Woëvre (Pl. XXIII, fig. 5); on y recueillit, en 1849, une petite statuette de Mercure aussi en bronze, haute de cinquante-six millimètres, qui faisait partie du cabinet de feu M. Vielliard, d'Etain. Cette dernière appartient au genre de ces statuettes qui sont considérées comme ayant été des *Lares* ou dieux domestiques, sous la protection desquels on mettait les habitations et la famille (Pl. XXIII, fig. 1).

Je me rendis à Senon en 1850, époque à laquelle il fut mis à découvert, près des jardins du village, sur le versant d'une colline dont la pente s'incline légèrement vers l'ouest, des subtructions qui occupaient une assez vaste étendue : sous un massif de décombres, au milieu duquel gisaient des tronçons de colonnes, un groupe sculpté et de nombreuses pierres taillées, se trouvaient des Thermes ou bains, dont l'hypocauste était entièrement debout.

Cet hypocauste reposait sur un aire en ciment formé de chaux et de briques concascassées; il était composé, à l'avant, de cinq rangs de piliers, onze par rang, se développant en travées régulières sur une longueur de six mètres soixante centimètres, et à l'arrière, de quatre rangs de piliers, trois piliers par rang, également distancés et occupant un espace relatif (Pl. III, fig. 2).

Ces piliers étaient formés de briques carrées mesurant vingt-deux centimètres de côté; une brique plus large, ayant quarante centimètres de côté, les surmontait et faisait chapiteau; sur ces chapiteaux posaient des dalles ou briques beaucoup plus grandes, mesurant soixante centimètres de côté et formant plafond : c'est sur ce plafond que reposait une épaisse couche de ciment qui servait de base aux salles de bains ou aux Thermes proprement dits.

L'ensemble de cette construction était entouré de murs construits en moellons irréguliers, sur l'un desquels, celui de gauche, se trouvaient deux portes cintrées, bouchées par une maçonnerie grossière et précédées d'une vaste pièce (Pl. III, fig. 3).

Au dessus de l'hypocauste étaient les salles de bains dont la principale, celle du centre, était pavée de dalles en pierres blanches; cette salle, dont le sol était légèrement incliné vers l'ouest, sans doute pour faciliter l'écoulement de l'eau des baignoires, se trouvait en contre-bas de ces dernières : c'était probablement le *Sudatorium;* on y voyait encore une partie des bancs ou gradins en briques et ciment qui en garnissaient le pourtour. A la base des murs qui l'entouraient, se trouvaient trois déchirures ou tranchées paraissant avoir été pratiquées pour aider à l'enlèvement des conduits en métal dont l'empreinte était restée dans le ciment.

Cette salle dite *Sudatorium* était munie de trois baignoires ou piscines *(piscinæ)*, la première à droite, une seconde à gauche, la troisième dans le fond : ces baignoires étaient en maçonnerie et revêtues à l'intérieur de ciment recouvert d'un badigeon jaunâtre très uni. Nous avons dit qu'on voyait encore dans cette salle une partie des bancs ou gradins qui en garnissaient le pourtour : derrière ces bancs se trouvait une ligne de tuyaux de chaleur ayant vingt-trois centimètres de haut (Pl. XIX, fig. 5).

Enfin à gauche, en dehors de l'hypocauste, se trouvait une vaste salle, le *vestiarium* ou le *frigidarium*, dont les dimensions n'ont pu être constatées.

Lorsqu'on déblaya l'intérieur de ces salles, on y trouva quelques morceaux de tuf, de nature tendre et légère, provenant vraisemblablement de la voûte du *Sudatorium*, puis une grande quantité de tuiles plates à rebords, des tuiles creuses, du ciment colorié et quelques monnaies romaines à l'effigie de l'empereur Gallien, de Constantin Ier et de ses fils.

On a vu plus haut que ces thermes ou bains étaient recouverts d'un massif de décombres dans lesquels gisaient des tronçons de colonnes ainsi que des débris d'architecture et quelques fragments de sculptures : ceux de ces débris, qui sont conservés dans le musée de Verdun, sont :

1° Une tête barbue en pierre, haute de quatorze centimètres et d'un assez bon style, semblant avoir appartenu à une statue de guerrier (Pl XI, fig. 4); peut être doit-on voir dans cette sculpture la tête d'un Dieu supérieur, probablement celle de Jupiter, ce que pourraient indiquer le froncement des sourcils, l'abondance de la chevelure et la disposition de la barbe, insigne de la toute-puissance; car ainsi qu'il est dit dans un très savant article de M. Ed. Flouest : « la disposition des cheveux et de la barbe a été, « pour les statuaires de la Grèce et de Rome, l'un des éléments typiques de la face « auguste du maître de l'Olympe (1) »;

2° Un groupe en pierre représentant, en ronde bosse, un cavalier qui terrasse un personnage dont les jambes se terminent en queue de serpent. Ce petit monument, haut de soixante-cinq centimètres, a été décrit, ainsi que plusieurs autres du même genre provenant de différentes localités, par M. Bretagne, dans une brochure qui a pour titre : Représentation d'Hercule vainqueur des géants, Nancy, 1862; nous ne pouvons admettre que dans le groupe en question, le cavalier vêtu à la Romaine, couvert d'une cotte d'armes et chaussé du cothurne, représente le fils de Jupiter que jamais monument grec ou romain n'a figuré à cheval, et que tous les groupes taillés dans les Gaules nous montrent sous les traits d'un homme nu, fort et robuste, tenant la massue à la main et ayant sur le bras ou sur la tête la dépouille du lion de Némée. Le personnage terrassé porte une abondante chevelure ou une crinière qui fait croire qu'il avait une tête de lion; le corps est celui d'une femme dont les jambes sont terminées par deux serpents : on pourrait peut-être voir dans ce groupe l'emblême de Rome sous la forme d'un guerrier terrassant la Gaule sous la forme d'une femme ou d'un géant; mais c'est sous toute réserve que nous faisons cette proposition (Pl. VIII, fig. 4);

3° Un cippe en pierre, haut de cinquante-huit centimètres, sur lequel se trouve, dans une sorte de niche cintrée, la figure de Diane chasseresse sculptée en bas-relief ;

(1) Revue archéologique, troisième série, tome V, janvier et février 1885, page 11.

quoique ce petit monument ait subi une mutilation assez considérable, il est facile d'y reconnaître le type de la Déesse : celle-ci est vêtue d'une tunique courte ; elle a les bras nus ainsi que les jambes qui néanmoins portent le cothurne antique ; elle porte le carquois sur l'épaule droite et tient un arc de la main gauche ; près d'elle se trouve la biche traditionnelle (Pl. VIII, fig. 1) ;

4° Le fragment d'un autre cippe en pierre, haut de cinquante centimètres, représentant deux personnages en bas-relief également placés dans une niche cintrée ; ce morceau est très mutilé : le torse du personnage du premier plan semble être celui d'un jeune homme qui est nu et dont les épaules seules sont couvertes d'une draperie ; il tient de la main gauche un coq dont la tête est pendante ; derrière lui est un autre personnage à figure barbue, dont le corps est entièrement dissimulé (Pl. VIII, fig. 3). Ce groupe rappelle un bas-relief mis à découvert à la Sainte-Fontaine près de Malebach, lequel est conservé dans le musée de Metz ;

5° Un bas-relief en pierre, haut de quarante-cinq centimètres, représentant, aussi dans une niche cintrée, une femme vêtue à l'antique et assise de côté sur un cheval fortement membré, d'un fort bon dessin, et marchant à droite ; la femme qui le monte semble lui saisir la crinière de la main gauche ; elle tient de la main droite un objet devenu informe et qu'on ne peut déterminer (Pl. VIII, fig. 2) ;

6° Deux fragments de bas-reliefs en pierre ayant dû faire partie de la frise de l'édifice : sur l'un de ces fragments se trouve la partie antérieure d'un guerrier casqué et dans une attitude agressive ; sur l'autre, l'épaule et le bras gauche d'un personnage qui tient à la main un instrument carré, entouré d'une banderolle (Pl. IX, fig. 3 et 4) ;

7° Deux fragments de corniches ornées de plusieurs rangs de feuillages diversement répartis (Pl. IX, fig. 5 et 6).

Peu après la date de cette découverte, le champ voisin laissa voir la contre partie de ces thermes : on y mit à découvert un second hypocauste qui était attenant à celui que nous venons de décrire, et desservant deux bassins ovales, contigus, également construits en briques et en ciment très solide, ayant environ quatre mètres de long sur deux mètres cinquante centimètres de large : l'un de ces bassins fut immédiatement recouvert ; il gît encore sous le sol.

A peu de distance de ces thermes, existe un tertre ou monticule connu dans le pays sous le nom de Bourge ; ce tertre était évidemment un lieu de retraite et de défense dont le nom, Bourge, qui s'est perpétué jusqu'à notre époque, dérive du latin *Burgus* ou du grec Πυργος, genre de forteresse qu'il faut bien se garder de réduire à la minime importance d'une simple tour. Dans l'antiquité ce nom était donné aux postes militaires fortifiés, plus ou moins considérables et établis sur les frontières des possessions romaines :

on trouve en Afrique des *burgus* établis au second siècle, qui étaient de véritables camps par leur forme et leur étendue, ayant un hectare de superficie, percés de quatre portes et défendus par huit tours ; telle est à peu près du reste la description donnée par Végèce, le célèbre écrivain militaire du IV° siècle, qui désigne sous le nom de *burgus* une forteresse ou une enceinte murée et flanquée de tours.

Le Bourge de Senon est en effet une grande enceinte carrée, mesurant soixante-quinze mètres sur chaque côté et faisant encore saillie de quatre à cinq mètres au dessus du niveau du sol. Les quatre terrasses ou talus qui l'entourent étaient soutenus par une muraille de deux mètres quatre-vingts centimètres d'épaisseur, dont le soubassement se trouve sous le sol où il n'est recouvert que de quelques centimètres de terre ; ce soubassement est formé de grosses pierres et de blocailles liées par un ciment composé de chaux, de graviers et de briques concassées.

Les habitants du village prétendent qu'il existe des souterrains sous le Bourge ; que le grand tertre qui le forme était autrefois beaucoup plus élevé, et que les angles des terrasses étaient garnis de tours. Aujourd'hui le Bourge est livré à la culture ; tous les ans, à l'époque des labours, la charrue y rencontre des murs de fondations ou restes de constructions qu'on s'empresse de supprimer ; la plate-forme qui le domine ne peut donc que tendre à s'abaisser : elle présente néanmoins une surface plane, si ce n'est au centre où l'on remarque une légère dépression.

Le Bourge de Senon mériterait une étude particulière ; il est à présumer que des fouilles habilement conduites y feraient reconnaître une de ces forteresses gallo-romaines devenues très rares dans nos contrées, et qu'on y mettrait à découvert, comme dans le *castrum* de Jublains, non seulement le soubassement des tours cylindriques de l'enceinte extérieure, mais encore les fondations du donjon central et les substructions des tours carrées qui devaient le flanquer (1); faisons donc des vœux pour que quelques travaux d'exploration y soient un jour entrepris.

Depuis la découverte des thermes de Senon, le territoire de cette commune a restitué, en 1854, une petite statuette en bronze qui fut acquise par un chaudronnier et fondue comme vieux cuivre, puis une petite tête en bronze ayant servi d'applique et représentant la face d'un animal fantastique ou imaginaire, laquelle est conservée dans le musée de Verdun (Pl. XXIV, fig. 6).

Nous avons dit qu'un grand nombre de monnaies antiques avaient été recueillies sur les territoires de Senon et d'Amel, principalement dans le petit espace qui sépare ces

(1) Cf. Bulletin monumental, année 1852, tome XVIII.

deux villages. Nous savons que plusieurs amateurs de numismatique ainsi que des marchands de divers pays y ont acquis et porté au loin plusieurs pièces fort rares qui ne nous ont pas été communiquées ; nous ne pouvons donc citer que les types qui figurent dans les casiers du musée de Verdun ; ce sont :

Gauloises.

Catalauni.............	Camulus ou Mars gaulois.
Lingones..............	Bucrane.
Remi.	Trois têtes accolées.

Consulaires ou familles romaines.

Cornelia.	Argent.	Julia.	Argent.

Impériales.

	Argent.	Gr. bronze.	Moyen br.	Petit br.		Argent.	Gr. bronze.	Moyen br.	Petit br.
Auguste.	a.	»	»	p.b.	Gallien	»	»	»	p.b.
Auguste et Agrippa	»	»	m.b.	»	Postume.	a.	g.b.	»	p.b.
Tibère.	»	»	m.b.	p.b.	Tétricus père.	»	»	»	p.b.
Caligula.	»	»	m.b.	»	Claude le Gothique	»	»	»	p.b.
Claude.	»	»	m.b.	p b.	Quintille.	»	»	»	p.b.
Néron	a.	g.b.	m.b.	»	Aurélien.	»	»	»	p.b.
Vespasien	»	»	m.b.	»	Maximien Hercule	»	»	m.b.	»
Titus	»	»	m.b.	»	Constance Chlore.	»	»	»	p.b.
Domitien	».	»	m.b.	»	Hélène	»	»	»	p.b.
Trajan	»	g.b.	m.b.	»	Licinius	»	»	»	p.b.
Hadrien	a.	g.b.	m.b.	»	Constantin Ier.	»	»	»	p.b.
Aelius.	»	g.b.	»	»	Constantinopolis	»	»	»	p.b.
Antonin	a.	g.b.	m.b.	»	Urbs-Roma	»	»	»	p.b.
Faustine mère	a.	g.b.	»	»	Crispus	»	»	»	p.b.
Marc-Aurèle.	a.	g.b.	m.b.	»	Constantin II.	»	»	»	p.b.
Faustine jeune	»	»	m.b.	»	Constans Ier.	»	»	»	p.b.
Vérus	»	g.b.	»	»	Constantius II	»	»	»	p.b.
Commode	»	»	m.b.	»	Magnence	»	»	»	p.b.
Septime Sévère.	a.	g.b.	»	»	Valentinien Ier	»	»	»	p.b.
Géta.	a.	»	»	»	Valens.	»	»	»	p.b.
Alexandre Sévère.	a.	»	»	»	Gratien	»	»	»	p.b.
Julia Mamée	»	»	m.b.	»	Valentinien II	»	»	»	p.b.
Philippe père.	»	»	m.b.	»					

La nature des ruines que nous venons de décrire, la variété des objets que nous avons signalés, semblent suffire pour prouver l'importance de Senon dans les temps antiques ; nous n'hésitons donc pas à considérer ces ruines comme ayant fait partie de la demeure d'un puissant personnage qui avait franchement adopté le régime de la domination romaine, et dont la villa était à la fois une vigie militaire, un château seigneurial, une exploitation agricole, un centre d'industrie et un lieu de refuge. Les nombreuses voies qui sortaient de cette localité et dont les traces sont encore visibles, viennent à l'appui de cette présomption : indépendamment du chemin qui venait de Verdun et que nous venons de suivre, nous trouvons :

1° Au nord, la voie qui se rendait à Trèves par le camp de Titelberg et Luxembourg, avec embranchement sur Vieux-Virton ;

2° Au nord-ouest, celle qui allait à Marville et au temple de Géronville ;

3° Au nord-est, celle qui se rendait à Luxembourg par Audun-le-Roman et Aumetz ;

4° A l'est, la voie qui allait à Metz en passant par Gravelotte ;

5° Au sud-est, celle qui conduisait à Corroy, sur l'Yron (*Ibliodurum*), près Hannonville-au-Passage ;

6° Au sud, celle qui se rendait à Herméville et à Manheulles ;

7° Enfin à l'ouest, la voie qui conduisait à Reims par Avocourt et Lochères.

Ces voies vont être successivement décrites.

CHAPITRE V

VOIE ANTIQUE

DE SENON AU CAMP DE TITELBERG
ET A TRÈVES.

La voie dont nous entreprenons de suivre le parcours avait son point de départ au nord de Senon ; elle n'est plus apparente à sa sortie du village où elle a été défoncée à une époque assez reculée pour que personne, dans le pays, n'ait conservé le souvenir de ce défrichement ; cette voie se montre seulement à six cents mètres du village, point d'où elle va longer d'abord le bois le Prêtre, puis ensuite celui de Laviencourt dans lesquels on peut la suivre, et où elle est connue comme chemin antique : on sait dans le pays qu'elle est un débris de l'ancienne route qui conduisait à Longwy.

Cette voie passe à deux cents mètres à l'ouest de Vaudoncourt où, jusque là, elle faisait tronc commun avec la voie allant de Senon à Marville, décrite au chapitre III de ce volume ; mais à ce point elle s'en détache et se rend à Nouillonpont où elle franchissait l'Othain, à quelque distance du pont actuel, sur un pont antique dont les piles existaient encore, en 1850, dans le lit de la rivière.

Ce chemin n'est plus entretenu depuis longtemps ; mais comme il était solidement ferré dans toute sa longueur, l'empierrement de la chaussée est encore apparent sur quelques points. Ce qui distingue particulièrement cette voie, c'est qu'elle a conservé sur la plus grande partie de son parcours, à partir du bois de Laviencourt, ses bordures (*margines*) faites au moyen de larges dalles ou grandes pierres brutes alignées et placées de champ.

Cette voie est désignée dans le pays sous le nom de Chemin du Postillon, nom qui semblerait indiquer une origine relativement peu ancienne ; mais ne perdons pas de vue que ce chemin est le prolongement direct de celui qui, venant de Verdun, a conservé à Damloup la dénomination significative de Vieux Chemin de Longwy ainsi que celle de Chemin des Romains; ces divers noms appartiennent à la même route, route bien authentique que nous allons suivre jusqu'à sa dernière limite.

La voie se bifurque à Nouillonpont d'où l'une de ses branches se rend à Vieux-Virton en passant par Longuyon; l'autre celle qui nous occupe, se porte sur Arrancy dont le sol a souvent restitué des objets antiques : on y mit à découvert, en 1812, dans l'une des rues du village, des restes de constructions de l'époque gallo-romaine dans lesquelles se trouvait un superbe pavé mosaïque (*Opus tessellatum*), dont le centre était occupé par une rosace d'un travail exquis (1). Ce morceau était d'une très belle conservation; néanmoins on le détruisit immédiatement, et ses débris furent éparpillés dans le sol; aussi, pour peu qu'on creuse sur cet emplacement, on y rencontre, en nombre considérable, de cubes en pierre ou en marbre ayant fait partie de cette mosaïque, laquelle, au dire des habitants de l'endroit, aurait orné une salle de bains ou thermes antiques.

Le musée de Verdun conserve quelques cubes provenant de cette mosaïque; il possède en outre une monnaie gauloise en potin, des *Catalauni*, au type du camulus gaulois, et quatre monnaies romaines recueillies à Arrancy, savoir : un moyen bronze à l'effigie de Néron, un autre à celle de Nerva, un grand bronze d'Antonin, et un petit bronze de Tétricus père.

La commune d'Arrancy a pour dépendance le hameau de Lopigneux dans lequel il fut mis à découvert, en 1880, un vase en terre qu'on se hâta de briser : ce vase renfermait neuf cent quatre-vingts monnaies romaines en argent et en billon, dont la plus ancienne est à l'effigie de Julia Mamée, mère d'Alexandre Sévère, et les plus récentes de Gallien et de Salonine, sa femme. Tous les empereurs qui se succédèrent sur le trône des Césars, de 222 à 268 étaient représentés à peu d'exception près dans cette trouvaille : les monnaies de Gordien III et celles de Postume s'y comptaient presque par centaines. Une partie de ce petit trésor est aujourd'hui en la possession des Frères des Ecoles chrétiennes de Longuyon; le musée de Verdun possède seulement trois pièces provenant de cette trouvaille; ce sont des deniers en argent à l'effigie de Gordien Pie, ℞. *Æternitati aug.*, Philippe père, ℞. *Æquitas*, et Postume, ℞. *Herc. pacifero.*

Après un parcours de seize kilomètres dans le département de la Meuse, la voie se porte, un peu au nord d'Arrancy, sur les bords de la Crune qu'elle franchit pour entrer dans le département de la Moselle : de ce point, elle se rend en ligne droite à Beuveille à l'est duquel se trouve le village de Baslieux où l'on mit à découvert, en 1817, plu-

(1) Cf. Narrateur de la Meuse, tome XV, page 227.

sieurs tombeaux renfermant des objets de l'époque franque ou mérovingienne, dont une lame de glaive, une pointe de flèche, une plaque ou boucle de ceinturon et deux ciseaux (*forcipes*) en fer sont conservés dans le musée de Verdun, auquel ils ont été offerts, en 1830, par M. l'abbé Courtois (1).

La voie sort de Beuveille au nord du village et se porte en ligne droite sur Cutry et ensuite à Rehon où elle franchit la Chiers ; puis elle vient passer sous la ville de Longwy dont le château, bâti par le duc Martin, ne date cependant que du VII° siècle. De ce point, elle se dirige à l'est vers Podange, au sud duquel se trouve le Titelberg, autrement dit de Mont de Tite ou de Titus, car *berg* en langue tudesque veut dire montagne. Ce mont, situé à deux kilomètres de Longwy, est couronné de retranchements militaires dont on voit encore les fossés et les remparts : d'après la tradition, l'empereur Titus y aurait séjourné ; de là le nom de Titelberg (*Mons Titi*).

L'emplacement de ce *castrum* a souvent restitué des objets ayant appartenu aux temps antiques : on y trouve des substructions ou restes de constructions gallo-romaines, et l'on y recueille un grand nombre de monnaies dont la présence atteste que ce poste était important et qu'il fut occupé militairement depuis les premiers temps de l'empire jusqu'à l'époque des grandes invasions barbares. On y mit à découvert, il y a quelques années, un dépôt si considérable de monnaies romaines qu'on dût supposer qu'elles avaient été réunies pour servir à la paie des légions. Le musée de Verdun conserve soixante-sept pièces en bronze provenant de cette intéressante trouvaille : ces monnaies, qui semblent n'avoir jamais été mises en circulation, sont à l'effigie des empereurs Maximien Hercule, Constance Chlore, Galère Maximien, Sévère, Maximin Daza, Licinius et Constantin I°.

Le camp de Titelberg était en communication directe avec Luxembourg (*Liciliburgum*) où se trouvait aussi un autre *castrum* antique ; la voie qui reliait ces deux points se prolongeait jusqu'à Trèves (*Augusta Trevirorum*) l'une des plus anciennes et des plus célèbres villes des Gaules, la capitale de la première Belgique, encore si riche en monuments et en souvenirs de son antique splendeur.

(1) Registre des délibérations de la Société Philomathique, tome I, page 384.

CHAPITRE VI

DIVERTICULE

DE NOUILLONPONT A VIEUX-VIRTON

Nous avons vu au chapitre précédent, que la voie venant de Senon se bifurquait à Nouillonpont pour envoyer un diverticule à Vieux-Virton (Belgique); ce petit chemin a laissé en différents endroits des traces de son passage; mais ces traces sont peu apparentes et connues seulement des habitants du pays. Toutefois il n'est pas à ma connaissance que quelque objet ou quelques substructions antiques aient été rencontrés dans le sol des contrées que ce chemin traversait dans le département de la Meuse; le parcours de cette voie y est du reste fort restreint : on ne compte en effet que huit kilomètres de Nouillonpont à la limite départementale; cependant nous suivrons ce diverticule un peu au delà de sa sortie de la Meuse, jusqu'à Longuyon d'abord, puis jusqu'à Vieux-Virton, en raison des trouvailles faites dans ces deux localités; trouvailles qui, je crois, sont restées inédites jusqu'à ce jour.

Le diverticule sortait au nord de Nouillonpont et venait passer un peu à droite de Rouvrois-sur-Othain; au delà de ce village il se rendait sur les terres de la ferme dite Belle-Fontaine d'où il se dirigeait par le Haut-Bois à peu près au point où la route nationale N° 18 touche le département de la Moselle. Après avoir franchi la limite du département de la Meuse, la voie arrive à Longuyon situé au confluent de la Crune et de la Chiers, rivière que le poëte Auzone désigne sous le nom de *Cara*.

Le bourg de Longuyon est bâti au pied d'une montagne au sommet de laquelle on remarque les débris d'une petite forteresse carrée dont les démolitions sont en partie couvertes de broussailles qu'on désigne dans le pays sous le nom de la Haie à Murse ou à Murs. Indépendamment de ces ruines, Longuyon a fourni plusieurs objets antiques qui furent mis à découvert, en 1826, sur les bords de la Crune, dans un pré situé au dessus de la fontaine dite des Anges. Le propriétaire de ce terrain en ayant entrepris le nivellement en 1826, y mit à découvert plusieurs augettes ou tombelles en pierre renfermant divers objets qui furent à l'instant réduits en fragments par les ouvriers ; dans l'une d'elles se trouvait une grande urne cinéraire en verre, de quarante-huit centimètres de hauteur, ornée de deux anses et munie d'un couvercle : cette urne était remplie de cendres et d'ossements calcinés ; ses débris, qui étaient restés sur place, furent recueillis par M. l'abbé Courtois, ancien curé de Pillon, qui les transporta à Metz où ils furent rapprochés et recollés par les soins de M. le baron Marchand : ce précieux morceau figure encore très honorablement dans le musée de Metz.

Le musée de Verdun conserve quelques autres débris provenant de ces tombelles ; ce sont les fonds de deux petites urnes en terre noire, les anses de deux grands vases en terre rouge et le goulot d'une petite fiole en verre blanc.

Près de ces tombelles et tout contre la rivière, se trouvait un emplacement carbonisé qu'on supposa être l'*ustrina*, c'est-à-dire l'endroit ou les corps avaient été brûlés et réduits en cendres : c'est parmi les charbons encore entassés dans ce terrain que M. l'abbé Courtois recueillit un fragment de tube en terre cuite, long de quarante-huit centimètres, qu'il prétend avoir été le soufflet au moyen duquel le feu du bûcher était activé pour consumer et détruire les chairs selon l'usage du temps : cet objet fait partie du musée de Verdun (Pl. XVIII, fig. 7).

Ces sépultures par ustion appartiennent donc à une époque très reculée, puisque le mode d'incinérer les corps cessa d'être usité à partir du deuxième siècle de notre ère.

La voie antique sortait au nord de Longuyon pour se porter sur Villancy ; au delà de cette ferme, elle franchit le bois dit des Ollieux et se rend sur l'emplacement d'un château détruit, dit le Vieux-Daumey ; elle traverse le village de la Malmaison, vient longer la lisière du bois dit le Bouvret au nord duquel elle fait son entrée en Belgique. De ce point, où elle n'est pour ainsi dire plus qu'à l'état de sentier, elle se rend à Saint-Mard et ensuite à Vieux-Virton qui n'est séparé de Saint-Mard que par le petit ruisseau de la Thonne.

Ces deux localités, dont l'origine semble remonter à une haute antiquité, ont restitué à différentes époques de nombreux débris des temps antiques, notamment en 1827, où, en creusant un petit fossé le long du chemin qui existe à l'entrée de Saint-Mard, il fut mis à découvert une quarantaine de tombelles ou augettes en pierre, placées sur une seule ligne et très rapprochées les unes des autres ; chacune de ces tombelles renfermait une urne remplie de cendres et d'ossements calcinés, une agrafe ou fibule en bronze, une pièce de monnaie en argent ou en bronze, et quatre ou cinq petits vases en terre jaunâtre. La plupart de ces objets étaient brisés : les moins endommagés furent envoyés au musée de Bruxelles ou vendus à des antiquaires étrangers à la localité ; le musée de Verdun possède deux petits vases en terre jaune, et deux agrafes en bronze provenant de ces tombelles.

Indépendamment de ces sépultures datant des deux premiers siècles de notre ère, les environs de Saint-Mard et de Vieux-Virton ont restitué un grand nombre d'objets antiques qui furent recueillis dans les champs avoisinant ces deux localités (1) : un habitant de Vieux-Virton en possédait plusieurs parmi lesquels se trouvaient des armes ainsi que des instruments en fer, des vases en bronze, des intailles ou pierres gravées et une vingtaine de monnaies romaines en argent à l'effigie de divers empereurs principalement du haut empire ; quelques-uns des objets provenant de cette localité font partie du musée de Verdun ; ce sont :

1° Une belle meule portative en pierre volcanique de Nieder-Ménich, près Coblentz, ayant quarante-quatre centimètres de diamètre et sitriée en divers sens pour faciliter la mouture des grains (Pl. xi, fig. 6) ;

2° Deux objets trouvés en déblayant le caveau d'une construction antique, savoir : une hache en fer à deux tranchants, d'une très belle conservation, dont la forme rappelle assez celle de l'*ascia*, et un vase en bronze, haut de vingt-huit centimètres, d'une forme assez élégante (Pl. xxx, fig. 7).

(1) Cf. Rapport de M. Goureau inséré au Registre des délibérations de la Société Philomathique de Verdun, tome I, page 347.

CHAPITRE VII

VOIE ANTIQUE

DE SENON A MARVILLE ET AU TEMPLE
DE GÉROMONT

Ainsi que nous l'avons dit au chapitre V de ce volume, la voie qui sortait au nord de Senon ne commence à être visible qu'à six cents mètres du village ; mais à cette distance et dès son apparition, les habitants de la contrée la reconnaissent pour être une voie antique. Cette chaussée se porte sur la pointe du bois le Prêtre, puis ensuite sur celle du bois de Laviencourt où elle devient de plus en plus apparente et où il est facile de la suivre : on sait dans le pays que cette première partie de la voie est un débris du chemin qui conduisait très anciennement à Longwy.

Au delà des bois qui viennent d'être cités, cette voie se porte à deux cents mètres à l'ouest de Vaudoncourt où, jusque là, elle ne faisait qu'une avec la voie de Senon à Trèves, décrite au chapitre précité ; mais, à ce point, elle s'en détache pour continuer sa marche sur la rive gauche de l'Othain, dessinant une ligne légèrement courbe, sans sinuosités, comme aussi sans autre interruption.

De Vaudoncourt, près duquel la bifurcation se produit, la voie se rend en ligne presque droite un peu à l'est de Muzeray dont le territoire a restitué, il y a quelques années, plusieurs sépultures antiques : à deux cents mètres au nord-est de ce village, se trouve le lieu dit Haut de la Croix où se dressait une très ancienne chapelle qui fut détruite en 1792 ; à quelle époque et en l'honneur de quels personnages cette chapelle avait-elle été édifiée ? Nul ne saurait le dire ; toutefois, c'est dans les terres du Haut de la Croix qu'on mit à découvert, en 1870, huit sépultures de guerriers de l'époque franque ou mérovingienne, renfermant des armes et autres objets qui sont en partie conservés dans le musée de Verdun ; ces objets sont :

1° Une hache d'armes ou francisque de forme peu commune (Pl. xxxiii, fig. 1);

2° Une spatha ou grande épée à deux tranchants, longue de quatre-vingt-dix centimètres, avec garde et pommeau, cette arme était, comme on le sait, à l'usage des chefs ou des cavaliers (Pl. xxxiv, fig. 2);

3° Deux lames de scramasaxes ou glaives des fantassins, dont l'une mesure cinquante-trois centimètres de long et porte cinq cannelures sur la lame (Pl. xxxiv, fig. 10);

4° Cinq lames de couteaux et un couperet à manche recourbé (Pl. xxxiv, fig. 13);

5° Deux pointes de lances ou de javelots (Pl. xxxv, fig. 9 et 10);

6° Quelques lames de ciseaux (*forcipes*), pour couper la barbe ou les cheveux;

7° Six boucles de ceinturons en fer, dont trois avec incrustations en argent, dessinant des torsades ou entrelas (Pl. xxxvii, fig. 4 et 5);

8° Quatre boucles de ceinturons en bronze, dont deux grandes et deux plus petites Pl. xxvi, fig. 7, 9, et 11);

9° Quatre bouts ou garnitures de courroies en même métal (Pl. xxvi, fig. 8);

10° Les fragments d'une grande amphore en terre rougeâtre, ceux d'un vase en verre jaune, des tessons d'assiettes ou de soucoupes en terre grise ou rouge, et deux urnes funéraires en terre grise (Pl. xvi, fig. 6 et 7);

11° Des débris de fibules en bronze, une bague avec plaque ou chaton aussi en bronze, des grains de colliers en ambre ou en terre émaillée (Pl. xxi, fig. 2);

12° Un anneau en bronze (Pl. lx, fig. 20);

13° Une rouelle à six rayons également en bronze (Pl. lx, fig. 21);

14° Enfin, moitié d'une monnaie de la Colonie de Nimes, au type du crocodile, un moyen bronze d'Auguste, deux petits bronzes de Claude le Gothique et de Constans Ier.

Au delà de Muzeray la voie longe à courte distance le bois de Warphemont pour ensuite se rendre à la ferme de Handeville, puis à Châtillon-l'Abbaye, laissant à l'ouest le village de Pillon dont le sol restitue de temps en temps des monnaies ainsi que des objets antiques : on y avait recueilli, en 1820, une trentaine de monnaies romaines à l'effigie des empereurs Auguste, Néron, Antonin, Maximin, Victorin, Tétricus, Tacite, Probus, Carinus, Dioclétien, Maximien Hercule, Licinius, Constantin Ier et ses fils, Magnence, Valentinien, Gratien, et une bague en argent ayant pour chaton un denier d'Antonin, portant au revers *Liberalitas aug. VIII*; tous ces objets étaient en la possession de M. l'abbé Courtois, ancien curé de Pillon.

On y a rencontré, en 1878, une tombelle en pierre ou sépulture par incinération renfermant, entre autres objets, deux bracelets en bronze dont l'un, qui est orné de vingt-trois globules, fait partie du musée de Verdun (Pl. xxxii, fig 1).

Le territoire de Sorbey, village situé à peu de distance au nord de Châtillon-l'Abbaye, a aussi restitué quelques objets des temps antiques : on y a mis à découvert, en 1850, lieu dit Fontaine la Dame, deux ou trois sépultures dans l'une desquelles il fut recueilli un groupe de monnaies ainsi que divers objets qui sont conservés dans le musée de Verdun ; ce sont :

1° Une lame de glaive à deux tranchants, longue de trente-cinq centimètres ;

2° Une petite urne funéraire en terre grise (Pl. xvi, fig. 1) ;

3° La poignée et la charnière en bronze d'un coffret détruit par la pourriture (Pl. xxvii, fig. 1 et 2) ;

4° Une trentaine de monnaies romaines en grands et en petits bronzes à l'effigie des empereurs du haut et du bas empire dont les noms suivent : Antonin, Faustine mère, Marc-Aurèle, Faustine jeune, Alexandre Sévère, Maximin, Claude le Gothique, Postume, Probus et Constantin Ier.

De Châtillon-l'Abbaye la voie se rendait à Saint-Laurent dont le sol a souvent restitué des monnaies ainsi que des objets antiques ; ces objets ont été trouvés non seulement dans le village, mais encore sur plusieurs points du territoire de cette commune :

1° Sur le revers de la côte dite le Châtelet, où il fut recueilli, à diverses époques, des monnaies en or, en argent et en bronze, ainsi qu'un assez grand nombre d'objets datant de la période gallo-romaine ;

2° Au lieu dit à Long-les-Villers, entre Saint-Laurent et la Vau-Génon, où l'on mit à découvert, en 1851, un groupe de dix-sept monnaies romaines en grands bronzes, et un pot renfermant sept autres monnaies, en tout vingt-quatre grands bronzes à l'effigie de Domitien, Trajan, Hadrien, Faustine mère, Marc-Aurèle, Faustine jeune, Vérus, Lucille, Commode, Maximin Ier et Postume. Ces monnaies avaient été recueillies par M. Launois, de Sorbey, qui voulut bien en offrir une partie au musée de Verdun ;

3° Au lieu dit la Chapelle du Chemin de Longuyon, situé à deux cents mètres au nord-est de Saint-Laurent, où le sieur Schlim a trouvé, en 1866, en cultivant son champ, un collier ou torque en or fin (au $\frac{1000}{1000}$), qui se brisa au contact de la pioche ; ce collier, du poids de cinquante-trois grammes, et de quatorze centimètres et demi de diamètre fut vendu pour la fonte à un orfèvre de Verdun qui le paya deux cent cinquante francs ; cet orfèvre voulut bien m'en fournir le dessin (Pl. xxxi, fig. 6).

De Saint-Laurent la voie se rend presque en ligne droite à Rupt-sur-Othain, où l'on mit à découvert, en 1860, plusieurs sépultures de l'époque franque ou mérovingienne, renfermant des lames de glaives, des boucles de ceinturons en fer damasquinées ou incrustées d'argent, des urnes funéraires en terre grise, des grains de colliers en verre et en terre émaillée ; ces objets ne furent pas conservés.

Le village de Rupt-sur-Othain est situé un peu au sud et vis-à-vis de la côte dite des Failly (Moselle), sur le versant de laquelle il fut mis à découvert, en 1868, au lieu dit le Tilleul, situé à égale distance de Grand-Failly et de Petit-Failly, un peu à l'ouest du chemin qui conduit de l'un à l'autre de ces deux villages, plusieurs sépultures datant de l'époque où l'ustion des corps était en usage, c'est-à-dire des deux premiers siècles de notre ère : chacune de ces sépultures renfermait en effet une urne cinéraire encore remplie de débris de charbons et d'ossements réduits en petits fragments calcinés, et divers objets antiques qui sont conservés par M. Gustave d'Egremont, propriétaire du château de Grand-Failly ; ces objets sont :

1° Un grand collier ou torque en bronze, orné sur le devant de huit nodosités ou petits globules, quatre de chaque côté, et de deux gros annelets entre lesquels se trouve l'ouverture du collier (Pl. XXXII, fig. 3) ;

2° Trois bracelets aussi en bronze, de même ornementation, portant dix-neuf rondelles ou globules faisant corps avec la tige principale (Pl. XXXII, fig. 2) ;

3° Plusieurs fibules en bronze, de formes variées, dont l'une est ornée d'un petit grain d'ambre jaune maintenu au moyen d'un fil de laiton (Pl XXIX, fig. 9, 10, 11) ;

4° Une petite applique en fer poli, de forme crucifère, portant au centre un ornement demi-sphérique, et à chaque branche deux petits trous pour le passage des clous qui servaient à fixer cet objet (Pl. XXIX, fig. 8).

Après avoir franchi le village de Rupt-sur-Othain, la voie se porte en ligne droite sur Marville dont l'origine, comme il a été dit au chapitre III de ce volume, remonte à une haute antiquité : cette ville, d'après la tradition, devrait son nom, *Martis villa*, à un autel érigé en l'honneur du Dieu de la guerre au sommet de la côte dite aujourd'hui Saint-Hilaire. Nous avons cité, au dit chapitre quelques unes des monnaies antiques qui furent trouvées sur le sol de Marville et qui sont conservées dans le musée de Verdun : nous n'en reproduirons donc pas ici le détail.

Après s'être croisée avec la chaussée qui, venant de Verdun conduisait à Vieux-Virton, notre voie sortait à l'ouest de Marville et venait passer au nord-est du mont Saint-Hilaire dont il a été question un peu plus haut ; elle traversait en ligne droite le grand plateau situé entre Flassigny et Iré-le-Sec, laissant à droite, un peu au nord de Flassigny, la contrée dite Wargivilliers où il fut mis à découvert, en 1865, quatorze tombelles ou sépultures par incinération dont il a été rendu compte au chapitre III de ce volume. Notre voie longeait un peu plus loin, toujours sur le territoire de Flassigny, assez près de la ferme de Valendon, la contrée dite Harauchamp dans laquelle on mit également à découvert, en 1855, six ou sept petites auges ou tombelles en pierre, qui ont aussi été décrites au chapitre précité.

Dans ce parcours et jusqu'à Montmédy la voie antique est en partie utilisée par la route départementale qui s'avance en ligne droite : au delà de la ferme de Valendon, elle se rapproche de la rivière dite l'Othain qui contourne à demi le coteau couronné par les bois de Bazeilles ; immédiatement au dessous de ces bois, entre eux et la rivière, se trouvent les contrées dites Cul de son Champ et au Cran, où l'on rencontre de nombreuses traces de constructions antiques, des débris de grandes tuiles plates à rebords ainsi que des fragments de poteries : ces ruines ont restitué trois monnaies romaines, dont un grand bronze à l'effigie de l'empereur Antonin, un grand et un moyen bronze à l'effigie de Faustine.

La voie laissait à droite le village de Villécloye à cinq cents mètres au nord duquel se trouve, sur le versant de la colline, la contrée dite la Sarrasine à laquelle vient aboutir le Chemin des Morts : cette contrée est occupée par un vaste cimetière duquel on a souvent et à diverses époques, exhumé des sépultures de la période franque ou mérovingienne.

La plus récente de ces exhumations fut faite en 1861, époque à laquelle cinq nouvelles sépultures furent mises à découvert : quatre de ces sépultures étaient rangées sur une même ligne, séparées les unes des autres par un espace de trente ou trente-cinq centimètres ; la cinquième était placée parallèlement à deux mètres de distance de la ligne précédente. Toutes ces tombes avaient la même orientation, c'est à dire que le pied de chacune d'elles était dirigé vers l'orient et la tête vers le couchant ; elles étaient toutes formées de deux longues murailles latérales en moellons grossièrement travaillés, et de deux entêtements chacun d'une seule pierre, le tout recouvert tantôt d'une longue dalle d'une seule pièce, tantôt de plusieurs pierres plates rapprochées pour faire couvercle.

Deux de ces tombes renfermaient chacune un squelette ; deux autres contenaient les ossements de plusieurs corps moins les têtes ; la cinquième abritait un squelette autour de la tête duquel huit autres crânes étaient rangés en hémicycle. Cette dernière tombe renfermait en outre divers objets qui sont conservés dans le musée de Verdun ; ce sont :

1° Une lame de glaive longue de trente-quatre centimètres (Pl. xxxiv, fig. 9) ;

2° Des fragments de couteaux rongés par la rouille ;

3° Une boucle de ceinturon en fer lamellée ou incrustée d'argent (Pl. xxxvi, fig. 3) ;

4° Une urne funéraire en terre, qui était placée entre deux pierres (Pl. xiv, fig. 1) ;

5° Deux monnaies en moyens bronzes, l'une à l'effigie de Constantius II, ₰. *Salus aug. nostri*, l'autre à celle de Magnence, ₰. *Gloria Romanorum*.

Le territoire de Villécloye a restitué diverses autres monnaies romaines dont quatorze sont parvenues au musée de Verdun ; ce sont : deux grands bronzes à l'effigie d'Hadrien et de Faustine mère, cinq moyens bronzes de Domitien, Antonin, Faustine mère, Commode, Constance Chlore, sept petits bronzes de Gallien, Licinius, Constance Chlore, Constantin Ier, Magnence et Valens.

Au delà de Villécloye la voie se dirige vers la montagne déjà connue en l'an 634 sous le nom de *Madiacum* (1), au sommet de laquelle le comte de Chiny (Arnould III) jeta en 1239 les fondements de la ville de Montmédy. Suivant une tradition que nous ne prétendons pas garantir, un autel dédié à Mars ou à Mercure s'élevait aux temps antiques sur le *Mons Madiacum* ; il est certain que les environs de Montmédy ont laissé voir des restes de constructions datant d'une époque très reculée.

Lorsqu'on déblaya, en 1862, dans la pièce dite Sous-les-Vignes (parcelle 1088 du cadastre), près d'un ancien chemin dit la Chevée, pour l'évasement du débarcadère du chemin de fer à l'entrée du tunnel, on mit à découvert les fondations d'un monument antique à base circulaire, de huit mètres quarante-cinq centimètres de diamètre ; près de ce monument se trouvaient, dit-on, les fragments d'une pierre victimaire avec rigoles pour l'écoulement du sang, et l'emplacement de deux buchers d'incinération (*ustrinæ*), reconnaissables aux cendres mélangées de charbons, de fragments de poteries friables, de cornes ainsi que d'ossements de taureaux et de béliers ; on recueillit parmi ces débris les fragments d'un réchaud en bronze, des clous en fer et quelques pointes en bronze.

On rencontra en outre, à proximité de ce bucher, trois augettes ou tombelles en pierre, d'inégale dimension, la plus grande mesurant soixante et seize et la plus petite cinquante-trois centimètres sur chacun des côtés. L'une de ces augettes était vide ; les deux autres renfermaient chacune une urne cinéraire en verre bleuâtre, remplie de débris d'ossements calcinés parmi lesquels se trouvaient plusieurs monnaies romaines en or, en argent et en bronze, à l'effigie de Vespasien et de son fils Domitien ; l'une de ces urnes renfermait en outre un collier à chainettes orné de turquoises, parure de matrone, et une longue broche en argent, ornement de sa chevelure.

Le musée de Verdun possède une monnaie romaine en petit bronze à l'effigie de Constantin Ier, ℞. *Soli invicto comiti*, trouvée en 1882 à Montmédy.

Le chemin dont nous nous occupons n'a laissé aucune trace visible sur le sol des environs de Montmédy ; cependant on sait, et il m'a été confirmé par les agents voyers de la contrée, que, en sortant de Montmédy, la voie antique se rendait au bois Marotte, sur le Haut de Forêt, laissant à l'ouest le village de Thonne-les-Prés où l'on a recueilli,

(1) Cf. *Testamentum Adalgyseli, anno 634*, inséré au tome III des Mémoires de la Société Philomathique de Verdun.

en 1875, une monnaie romaine en petit bronze à l'effigie de Constantin Ier, ℞. *Victoriæ lætæ princ. perp.*, laquelle est conservée dans le musée de Verdun.

La voie laissait à l'est le hameau de Frénois où il fut mis à découvert, en 1856, plusieurs sépultures de l'époque franque ou mérovingienne, renfermant des lames de glaives ou scramasaxes, des boucles de ceinturons en fer damasquinées d'argent, des urnes funéraires en terre grise, des grains de colliers en verre et en terre émaillée : ces divers objets font partie du cabinet de M. Gustave d'Egremont, propriétaire du château du Frénois.

La voie se portait en ligne droite sur Thonnelle et venait passer à l'ouest d'Avioth où des ouvriers, qui travaillaient à la réparation d'un chemin vicinal, mirent à découvert, en 1823, les restes de plusieurs édifices antiques parmi lesquels se trouvaient des tronçons de colonnes, des chapiteaux, une multitude d'énormes pierres diversement taillées, des débris de grandes tuiles plates à rebords et des carrelages longs de trois à quatre pieds qui, au dire de M. Audenelle, auteur d'un savant ouvrage sur les frontières de France et qui rend compte de cette découverte, indiquaient une construction romaine.

Le territoire d'Avioth a en outre laissé voir, en 1881, une rangée de sépultures antiques renfermant des ossements, des armes en fer, sabres, javelots, lances et urnes funéraires en terre : les objets recueillis dans ces fouilles sont en la possession de M. Deseille, à Avioth (1).

La voie franchissait les coteaux situés à l'est de Thonne-le-Thil : c'est sur le territoire de cette commune que se trouve le mont Catillan au sommet duquel, lieu dit au Château, on mit à découvert, il y a quelques années, des ruines dont les matériaux purent être utilisés ; il fut trouvé parmi ces ruines des statuettes antiques, des monnaies romaines, de grandes urnes en verre avec anses, et divers autres objets que les ouvriers s'empressèrent de disperser ou d'anéantir.

La voie passait à environ quinze cents mètres à l'ouest de Breux où, d'après M. le président Jeantin, se trouvait un poste d'observation ou camp volant. De ce point, elle se rendait au hameau de Fagny par la côte de Chelvaux où actuellement cette voie se trouve à l'état de ravin dans les gorges de la montagne. Il n'est peut être pas sans intérêt de rappeler que ces gorges sont désignées dans le paragraphe 1er du procès-verbal de délimitation entre la France et le Grand-Duché de Luxembourg (28 mars 1820), sous le nom de *Romer-au*, c'est-à-dire Vallée des Romains.

C'est sur le versant de la côte qui domine ces gorges, dans le bois communal de Chelvaux, entre Breux et Fagny, qu'on mit à découvert, en 1854, des ruines ou substruc-

(1) Cf. Courrier de Verdun, N° 4760, 29 avril 1881.

tions ayant fait partie d'une importante habitation de l'époque gallo-romaine. Une partie notable de cette demeure était affectée, suivant l'antique usage des familles aisées, au quartier des bains (Pl. III, fig. 4), les quels étaient attenant à deux grandes pièces murées (A et B), dont la seconde B communiquait à D par une porte et deux marches; ces bains se composaient :

1° D'une salle de bains privés, avec murs revêtus de briques et ouverture pour l'écoulement des eaux (C);

2° D'une étuve ou vestiaire avec pavé en béton (D);

3° D'un bassin ou réservoir entouré de tuyaux de chaleur (E);

4° D'un hypocauste souterrain supporté par onze rangs de pilastres en briques, ayant une hauteur totale de quarante-cinq centimètres (F), avec porte d'accès pour l'entretien du feu dans le foyer (G).

Une grande quantité de cendres et de charbons était encore accumulée dans l'intérieur de l'hypocauste, et les murs, mis à découvert sur une hauteur d'environ un mètre, portaient des enduits peints en diverses couleurs où le rouge vif dominait; les murs de la salle B étaient revêtus d'une peinture à fond blanc, sur laquelle se trouvaient des filets doubles tracés de manière à simuler les panneaux d'une boiserie. Les débris carbonisés provenant de la charpente de l'édifice gisaient dans l'intérieur des salles où ils se trouvaient confondus avec les ardoises et les tuiles plates de la toiture, les moellons des murs écroulés, les fragments d'enduits ornés des plus vives couleurs, et les morceaux de verre terne ou dépourvu de limpidité provenant des vitres.

L'état de ces ruines fait supposer que cette habitation fut anéantie par l'incendie après avoir été pillée et saccagée; en effet, il n'y fut rien rencontré d'entier : aucun ustensile de ménage, aucun objet de luxe que le confortable de l'habitation avait dû y introduire; mais seulement des ferrements de portes, des charnières en fer, des liens de contrevents ou de chassis de fenêtres en équerre et à trois branches, une clef, quelques entrées de serrures, un fragment de lame de scie, des crampons, des crochets, des clous de toutes formes soit simples soit à œillets avec anneaux mobiles, les débris d'un vase en verre à deux anses, et un grand nombre de tessons de poteries en terre commune et en terre fine avec sujets en relief; parmi ces derniers se trouvaient deux fonds d'assiettes ou d'écuelles en terre rouge dite de Samos, portant en estampilles le nom des fabricants MAIAVS et MASA F (1).

_____

(1) Les détails relatifs à cette habitation sont empruntés à M. Ottmann qui a rédigé, sur cette découverte, une notice insérée dans les Mémoires de la Société archéologique de Dunkerque; une copie manuscrite de ce travail, fut déposée en 1857 dans les archives de la Société Philomathique de Verdun.

Le musée de Verdun posséde trois entrées de serrures et quelques ferrements de portes provenant de cette habitation, ainsi qu'un tuyau de chaleur pris parmi ceux qui faisaient partie de l'hypocauste (Pl. XIX, fig. 4).

Les environs de Fagny ont laissé voir d'autres ruines antiques : ces ruines ont été rencontrées, d'abord au lieu dit Longpré où se trouvent des constructions souterraines, puis à la Fontaine des Fées où il fut trouvé, en 1850, dans un vieux mur de fondation qu'on voulait faire disparaître, deux ou trois monnaies romaines à l'effigie des Antonins (1), enfin à la Poncette des Allemands où existent des substructions analogues dans lesquelles on recueillit, en 1856, une hache polie en silex, une grande écuelle en terre remplie de chaux vive et divers autres objets très détériorés.

Nous avons vu que la voie antique se rendait à Fagny où elle se trouve actuellement à l'état de ravin ; elle se portait ensuite au nord et arrivait sous la côte boisée dite Géromont ou Hiéromont, dépendant du territoire de Géronville (Belgique), et se trouvant sur la ligne même de la frontière de France : c'est cette proximité qui nous autorise à nous arrêter un instant sur cette côte, et à mentionner quelques uns des objets antiques qui y ont été rencontrés en si grand nombre.

Le sommet de cette côte, connu sous le nom de Château, est couronné de ruines considérables qui ont appartenu à un monument des plus splendides ; de tout temps on y a recueilli des objets dont l'origine remonte à la période payenne. Wiltheim, qui vivait dans la première moitié du XVII° siècle, vers 1620, donne dans son *Luxemburgum romanorum*, page 309 et suivantes, la description d'un certain nombre de figurines ou statuettes qui, de son temps, furent recueillies sur cet emplacement ; les dessins qu'il en donne occupent plusieurs planches sur lesquelles on voit :

N° 436. — Statuette d'un Génie tenant une coupe de la main droite et une corne d'abondance de la gauche.

N° 438. — Statuette d'enfant (*pusio*) qui porte une cruche ou une outre sur l'épaule gauche, et qui tient de la main droite une torche allumée et renversée.

N° 439. — Statuette de Mercure tenant une bourse à la main et ayant la tête ornée des ailes symboliques.

N° 440. — Statuette de Diane vêtue d'une robe courte et tenant de la main droite une trompe de chasse.

N° 441. — Statuette de Cupidon dans l'attitude d'un captif à genoux et ayant les mains liées sur le dos.

(1) Notice de M. Ottmann.

N° 442. — Statuette d'Hercule nu dans la position d'un combattant.

N° 443. — Statuette de Jupiter.

N° 444. — Torse d'une jeune fille ailée ayant la main droite pendante et la gauche appuyée sur la hanche.

Quelques fouilles faites en 1846, par M. Ottmann, receveur des Douanes à Fagny, amenèrent la découverte d'une tablette en bronze qu'il conserve dans son cabinet (Pl. xxiv, fig. 4); cette tablette porte une inscription qui doit être lue de la manière suivante :

> DEO SINQVAT*i*
> *Lucius* HONORAT
> IVS AVNVS
> *V*otum *S*olvit *L*ibens *M*erito

Ces fouilles furent reprises en 1850, époque à laquelle on rencontra sous le sol plusieurs lignes de constructions dans lesquelles on reconnut les restes d'un temple de forme rectangulaire, ayant quarante-sept mètres de long sur quarante mètres de large ; dans l'intérieur de ce vaste édifice se trouvaient de larges briques en terre cuite, des tuiles plates à rebords, un fragment de cuve lustrale en pierre sculptée, des débris de stuc ou enduits couverts de peinture, des marbres de diverses couleurs, des blocs de pierre de huit pieds d'épaisseur, des tronçons de colonnes, des éclats de chapiteaux et de corniches, de nombreuses têtes en pierre provenant de statues brisées, des bas-reliefs mutilés, enfin d'énormes cariatides : les plus curieux de ces objets furent déposés dans le musée de Luxembourg.

A droite et à gauche de ce temple étaient deux petits bâtiments accessoires (*Cellæ* ou *Ædiculæ*), dans lesquels on rencontra des amphores de toutes formes et de toutes dimensions, dont quelques unes étaient remplies de monnaies en bronze. On y recueillit aussi deux figurines ou statuettes en terre représentant des Matrones ou Déesses-Mères : l'une de ces statuettes faisait partie du cabinet de feu M. Jeantin, de Montmédy, l'autre de celui de M. Ottmann, de Fagny (Pl. xix, fig. 1 et 2).

Enfin dans une autre ligne de substructions qui semble avoir été l'emplacement d'un atelier d'objets religieux, il fut trouvé des débris de moules, des fragments de creusets, de nombreuses scories de fer, de cuivre et d'étain.

M. Ottmann y recueillit en 1851 une charmante statuette de Mars, en bronze, haute de seize centimètres et demi, qu'il conserve dans son cabinet (Pl. xxiv, fig. 5).

Il y fut en outre trouvé deux superbes *ex-voto* ou statuettes en bronze, dédiées à *Silvanus Sinquatus*, représentant la partie inférieure de cette divinité ; et cependant ces statuettes sont complètes (Pl. XXIV, fig. 7) ; elles sont de grandeur différente, mais de forme identique, et posées, l'une comme l'autre, sur un socle carré qui présente l'inscription suivante écrite en quatre lignes :

DEO SILVANO SINQV
PATERNIVS PRO SA
LVTE EMERITI FILI
SVI. IO S. L. M.

L'un de ces *ex-voto*, le plus grand, qui mesure vingt-deux centimètres et demi de hauteur, faisait partie du cabinet de feu M. Jeantin, ancien président du tribunal civil de Montmédy.

De nombreuses monnaies romaines ont été de tout temps rencontrées au milieu des ruines du temple de Géromont : M. Jeantin, qui put en recueillir une grande partie, nous a appris que ces monnaies sont à l'effigie des empereurs du haut et du bas empire jusqu'à Valentinien III.

Les limites que je me suis imposées dans ce travail ne me permettant pas de sortir du département de la Meuse, je dois m'abstenir de rechercher les traces de la voie antique au delà de Géromont et de pénétrer avec elle sur le territoire de la Belgique.

CHAPITRE VIII

DIVERTICULUM

DE SENON A LUXEMBOURG

Le diverticule ou chemin d'ordre inférieur qui sortait au nord-est de Senon est connu dans le pays sous'le nom de Ancien chemin de Luxembourg ; quoique ce chemin présente diverses lacunes ou interruptions, et que son parcours soit très restreint dans le département de la Meuse puisqu'il prend naissance à proximité de la limite départementale, il ne peut s'élever aucun doute sur son ancienneté si bien confirmée par une dénomination qui s'est perpétuée jusqu'à nos jours. Nous n'aurons néanmoins que fort peu de chose à dire de cette voie dont le parcours dans le département est seulement de sept à huit kilomètres.

Signalons toutefois que ce chemin était établi en ligne directe avec la voie qui sera décrite au chapitre XI de ce volume, laquelle va de Senon à Lochères où elle se soude sur la grande voie consulaire de Reims à Metz par Verdun ; ce chemin pouvait donc servir à mettre Luxembourg ou Trèves en communication avec Reims, l'antique capitale des *Remi*, métropole de la seconde Belgique. Il peut également être considéré comme étant le prolongement de la voie venant de Verdun, décrite au chapitre IV de ce volume : il mettait alors cette dernière ville en communication avec le Luxembourg.

Cette voie comme on vient de le voir, sortait au nord-est de Senon ; on peut la suivre sur le territoire de cette commune où elle est encore utilisée jusqu'à la ferme de Bellevue qu'elle laisse un peu au sud : son aspect est celui d'un chemin vicinal qui n'offre rien de particulier. Au delà de Bellevue, le tracé du diverticule est interrompu ; mais ce chemin reparaît sur le territoire de Gouraincourt, et quoiqu'il soit en partie effacé par la culture, les habitants du pays le connaissent et lui assignent une haute antiquité : ils le désignent sous le nom de Ancien chemin de Luxembourg.

Le sol du territoire de Gouraincourt est couvert de débris de constructions antiques, de fragments de grandes tuiles plates à rebords ainsi que de tessons de poteries; on y mit à découvert, il y a peu d'années, plusieurs sépultures de l'époque franque ou mérovingienne, et il y fut recueilli un nombre assez considérable de monnaies romaines à l'effigie des divers empereurs du haut et du bas empire.

Au delà de Gouraincourt la voie se portait sur le moulin de l'étang dit le Pâquis qu'elle laissait un peu au nord; puis après avoir franchi la petite rivière dite l'Othain, elle poursuivait sa marche jusqu'à Haucourt : c'est un peu à l'est de ce village, et après un parcours de huit kilomètres, qu'elle sort du département de la Meuse pour entrer dans celui de la Moselle.

Ici doivent s'arrêter nos recherches : nous laissons donc à d'autres le soin de faire connaître les localités que ce diverticule devait traverser ou qu'il rencontrait sur son passage, et d'indiquer comment ce chemin, dont nous avons dit la dénomination, pouvait arriver à sa destination, c'est-à-dire à Luxembourg (*Luciliburgum*), près duquel se trouve la montagne dite la Rame, où l'on pense que les Romains avaient établi un camp retranché. Le sommet de cette montagne est en effet merveilleusement disposé pour être utilisé comme poste d'observation et comme lieu de défense : il y a d'autant plus lieu de croire que cette montagne fut occupée militairement sous la domination romaine, qu'on y a recueilli, à diverses époques, un nombre considérable de monnaies antiques principalement à l'effigie de Dioclétien, de Maximien, de Constance Chlore et de divers autres empereurs du bas empire.

CHAPITRE IX

DIVERTICULUM

DE SENON A GRAVELOTTE ET A METZ

Le village de Senon dont nous avons déjà fait connaître l'importance aux temps antiques, donnait, ainsi qu'il a été dit, naissance à un grand nombre de chemins qui rayonnaient à peu près dans toutes les directions; mais comme Senon est situé tout à fait à l'est du département, plusieurs de ces chemins y avaient un parcours très restreint; le parcours du diverticule que nous allons suivre y égalait à peu près celui de la voie décrite au précédent chapitre : il était de sept à huit kilomètres seulement. Néanmoins ce diverticule est bien connu dans le pays; on l'y considère comme étant une voie antique et on le désigne encore aujourd'hui sous le nom de Chemin de Metz : cette dénomination lui est donnée par les habitants de Senon, village où la voie prend naissance.

Le diverticule sort à l'est de Senon qui, comme nous l'avons dit précédemment, a restitué ou laissé voir d'importants monuments antiques, et où il fut recueilli un nombre considérable de monnaies gauloises et romaines. De ce point, le diverticule se rend en ligne droite près d'Eton jusqu'où il est utilisé comme chemin vicinal : l'assiette de cette voie était ferrée et établie d'une manière très solide, ce qui a rendu son entretien d'autant plus facile.

Le village d'Eton passe pour avoir une origine très ancienne : il est souvent cité dans les chartes du XIe et du XIIe siècles sous les noms de *Studonis-Villa* ou de *Stadonis-Villa*; mais il ne possède aucun monument, aucune substruction datant de l'époque antique; je ne sache pas que son territoire ait restitué jusqu'à ce jour la moindre sépulture franque ou mérovingienne, la moindre monnaie des empereurs romains.

La voie du reste ne semble pas avoir traversé ce village; elle le longeait au sud, et continuait sa marche vers l'est où elle ne tardait pas à sortir du département de la Meuse pour pénétrer dans celui de la Moselle.

Ici s'arrête notre rôle et nous laissons à nos voisins le soin de rechercher et d'indiquer d'une manière précise et plus détaillée la marche que ce chemin devait suivre. Nous dirons seulement que, après avoir fait son entrée dans le département de la Moselle, il se dirigeait sur le territoire de Gondrecourt pour de là gravir la côte de l'ancien télégraphe et se porter vers Ozerailles ; il devait ensuite se rendre à Beaumont un peu au nord duquel il franchissait l'Orne. De ce point, il se dirigeait sur le bois des Escuillons où il est connu. Il se portait ensuite sur la ferme ou auberge dite la Malmaison, et de là entre le bois le Juré et le village de Gravelotte, un peu au nord duquel il venait se souder sur la grande route consulaire de Reims ou de Verdun à Metz, décrite au chapitre Ier du tome II de l'*Archéologie de la Meuse*.

Notre diverticule profitait alors de cette route pour se rendre dans l'antique *Divodurum* (Metz), ainsi que l'indique la dénomination sous laquelle il est connu des habitants du village de Senon.

CHAPITRE X

VOIE ANTIQUE

DE SENON A IBLIODURUM
PRÈS D'HANNONVILLE-AU-PASSAGE

La voie antique qui se rendait de Senon sur les bords de l'Iron ou à *Ibliodurum*, station mentionnée par l'Itinéraire d'Antonin dit du IV° siècle, sortait au sud de Senon et se tenait, pour arriver à Amel, à l'ouest du chemin vicinal actuel, près duquel elle s'avançait en ligne droite, presque parallèlement à ce chemin. Non seulement on en trouve des vestiges dans les terres situées entre les deux villages ; mais les abords de cette voie ont souvent restitué des objets antiques et laissé voir des restes de constructions parmi lesquelles on a recueilli de grandes tuiles plates à rebords ainsi que des briques striées ou d'appareil ; il y a été recueilli, ainsi que nous l'avons dit au chapitre IV de ce volume, quelques monnaies gauloises et un nombre considérable de monnaies romaines de tous modules et de tous les règnes du haut et du bas empire : environ trois cents de ces pièces sont conservées dans le musée de Verdun.

Après avoir traversé Amel et être sortie au sud de ce village, la voie antique vient passer un peu à l'est de la fontaine dite de la Prèle où l'on a rencontré, vers l'année 1820, quelques sépultures renfermant diverses armes en fer ainsi qu'un umbon de bouclier ; ces sépultures restituèrent en outre quelques monnaies romaines de plusieurs règnes du bas empire.

De ce point, la voie passe par les bois de Tilly et se porte sur les fermes de Longeau près desquelles se trouvait un bois de ce nom, qui fut défriché il y a peu d'années. Cette opération fit mettre à découvert les restes d'une habitation antique dont l'intérieur était rempli de grandes tuiles plates à rebords, en partie fracturées, et quelques ferrements de portes ; elle laissa voir en outre quatre buttes de terre mesurant environ six mètres de diamètre et ayant encore un mètre de hauteur, lesquelles n'étaient autres que des *tumulus*, monuments très peu communs dans nos contrées.

M. Crucis, propriétaire de l'une de ces fermes, de celle dite Plaisance, ayant deux de ces buttes sur son terrain, les fit fouiller en 1882 : l'une d'elles ne contenait plus aucun objet ; les terres remuées à une époque relativement récente, mais qu'on ne put déterminer, indiquaient suffisamment qu'une fouille y avait été effectuée : cette exploration fut donc sans résultat.

La tranchée ouverte dans l'autre butte ne tarda pas à permettre de constater qu'on était en présence d'un *tumulus* d'une haute antiquité ; on y rencontra, au point central, divers objets dont voici l'énumération :

Une grande urne en terre.

Deux cercles de roues en fer.

Deux mors de chevaux également en fer.

Une phalère trilobée en bronze.

Huit plaques rondes aussi en fer.

Six anneaux en même métal.

Ce *tumulus* abritait donc la sépulture d'un personnage inhumé par incinération et avec son char : ce genre d'inhumation n'avait pas encore été signalé dans le département de la Meuse, si voisin cependant de celui de la Marne où, comme on le sait, plusieurs localités ont restitué un grand nombre de sépultures renfermant les débris de ces chars antiques ; le *tumulus* de la ferme de Plaisance joint donc au mérite de l'antiquité celui d'avoir fourni les débris du premier char gaulois mis à découvert dans le département de la Meuse.

L'urne occupait la partie centrale du *tumulus ;* près d'elle et de chaque côté, se dressaient les deux roues dont la position, quoique légèrement inclinée, faisait voir qu'elles avaient dû être debout ; autour de l'urne se trouvaient, épars et disséminés, les objets en bronze, et parmi eux les mors de chevaux très détériorés par l'oxydation.

L'urne mise à découvert était d'assez grande dimension, de 25 à 30 centimètres de diamètre, en terre rouge peu cuite, depuis longtemps écrasée sous le poids des terres et réduite en petits fragments. On jugea que cette urne avait dû contenir des cendres, et qu'après l'écrasement du vase, celles-ci se confondirent avec les terres marneuses du *tumulus* : l'absence des ossements d'un squelette dans cette sépulture permet en effet d'admettre que l'inhumation avait eu lieu par incinération.

Les cercles des roues étaient tellement attaqués par l'oxyde qu'un seul put être dégagé et encore le fut-il par fragments dont les trois plus considérables mesurent trente-quatre, vingt-sept et vingt-trois centimètres de longueur. Les fragments de l'un de ces cercles furent néanmoins recueillis ; je pus les rapprocher et constater que la roue dont ils faisaient partie avait quatre-vingt-onze ou quatre-vingt-douze centimètres de diamètre, trois centimètres de largeur et seulement un centimètre d'épaisseur; toutes ces mesures sont parfaitement identiques à celles des cercles de roues des chars gaulois mis à découvert dans les sépultures du département de la Marne. On sait que ces roues étaient en bois, et que les cercles en fer ne servaient qu'à en maintenir les morceaux et à les consolider.

Les deux mors de chevaux, également en fer, mesurent dix-huit centimètres de long, et sont, comme ceux généralement désignés sous le nom de mors brisés, composés de deux pièces réunies au moyen de deux œillets engagés l'un dans l'autre ; ils portent de plus, à chacune des extrémités, un œillet avec anneau aussi en fer et d'assez grande dimension (Pl. XXXVIII, fig. 3).

Les autres objets recueillis faisaient sans aucun doute partie du harnachement des chevaux dont les mors viennent d'être décrits, ce sont :

1° Une sorte de phalère ou plaque à trois lobes en bronze, mesurant quatre-vingt-dix-huit millimètres de diamètre, et décorée d'un côté de demi-cercles dessinés au moyen de plusieurs rangs d'entailles triangulaires qui semblent avoir été exécutées au poinçon ; sur l'autre face, se trouvent trois petits clous ou rivets ayant servi à fixer l'objet, probablement sur une bande de cuir : on peut présumer que cette pièce ornait le portrait du cheval (Pl. XXII, fig. 1);

2° Huit belles plaques rondes ou espèces de cocardes aussi en bronze, de soixante-huit millimètres de diamètre, portant d'un côté un petit cône central et deux cercles concentriques en haut relief, entre lesquels se trouvent des lignes circulaires légèrement creusées ; de l'autre côté, un bouton ou attache en forme de T, destiné à maintenir la plaque ou cocarde sur la partie du harnais qu'elle servait à ornementer (Pl. XXII, fig. 2);

3° Six anneaux en bronze, de grandeurs différentes, mesurant de trente-trois à quarante-huit millimètres de diamètre, et portant de chaque côté une ligne saillante ou bourrelet circulaire; trois de ces anneaux ont le bord extérieur angulaire; les trois autres ont sur la tranche une carène ou cannelure concentrique (Pl. XXII, fig. 3, 4, 5).

Ces sortes d'anneaux étaient l'accompagnement ordinaire, pour ainsi dire obligé, des brides ou du harnais des chevaux; quelquefois ils faisaient partie de la ceinture des guerriers : mais il ne nous semble pas que ceux qui viennent d'être décrits aient eu cette destination; autrement il se fût trouvé près d'eux soit la boucle de ceinturon, soit quelques armes ou bijoux à l'usage du défunt.

La plupart des objets recueillis dans le *tumulus* de la ferme de Plaisance sont conservés dans le musée de Verdun.

Devons-nous chercher à établir ou à fixer l'âge de cet enfouissement ? Les Gaulois, on le sait, se servaient avec grand succès des chars de combat ; cependant ils en abandonnèrent l'usage, et, au temps de César, on ne retrouve plus cet instrument de guerre que chez les Bretons. Mais le char de notre *tumulus* était-il un char de guerre (*currus*) ? Rien ne démontre que cette sépulture ait été celle d'un guerrier. L'absence de toutes armes à proximité des débris recueillis nous porterait plutôt à considérer ces derniers comme ayant fait partie d'un véhicule ordinaire, c'est-à-dire du *carpentum* propre au défunt, lequel était selon toute probabilité un personnage éminent. Le même doute s'est du reste produit au sujet de plusieurs des chars rencontrés, même avec des armes, dans les tombeaux de la Champagne.

Indépendamment des objets que nous venons de décrire, il fut recueilli, en 1883, dans les terres avoisinant le *tumulus* de la ferme de Plaisance, un fragment de hache polie en silex, qui est conservé dans le musée de Verdun.

La voie antique continue sa marche vers le sud : on la voit à cent mètres du chemin vicinal actuel qui se rend de Longeau à Rouvres ; elle le suit d'abord parallèlement sur une longueur de cinq cents mètres, puis elle se confond avec ce chemin à deux cents mètres de Rouvres et arrive avec lui à ce village.

Le territoire de Rouvres a quelquefois restitué des objets antiques : il y a été trouvé, en 1850, deux haches celtiques en bronze qui ont été détruites par un fondeur en cuivre du lieu ; c'est de lui que je tiens ce détail.

La voie côtoye Rouvres à l'ouest duquel elle traverse la route de Briey ; elle se confond ensuite, sur une longueur de cinq cents mètres, avec le chemin d'exploitation dit de Braupont, et se dirige sur Lanhères en laissant à l'ouest le village de Boinville dans les terres duquel il a été mis à découvert, en 1860, une vingtaine de sépultures franques ou mérovingiennes renfermant des glaives de diverses longueurs, des plaques de ceinturons en fer et en bronze, des vases ou urnes funéraires en terre, et divers autres objets semblables à ceux qu'on rencontre fréquemment dans les tombes de cette époque.

Au delà de Lanhères, la voie venait passer à proximité du hameau dit Aucourt près duquel se trouve, entre cette petite localité et le village de Saint-Jean-les-Buzy, un espace d'environ deux kilomètres couvert de débris de poteries et de grandes tuiles plates à rebords, provenant de constructions antiques d'une certaine importance qui existaient en ce lieu.

La voie traversait ensuite l'étang dit de Saint-Jean au delà duquel elle longe le petit bois du même nom, puis elle sort du département de la Meuse et fait son entrée dans celui de la Moselle.

Cette voie se rend d'abord à Olley, village d'une haute antiquité, au sud duquel elle sort pour se porter sur la ferme de Bouzonville ; on la suit de ce point jusqu'au nord de Dompierre où, après avoir longé la ligne limitative des bois de Puxe, elle arrive à la cote 210 de la carte des officiers de l'Etat-Major ; elle franchit la rivière de Longeau entre Dompierre et Brainville-en-Woëvre, traverse le ruisseau dit la Seigneulle au nord du bois le Chénois, et vient se souder, dans le bois de la Tour, sur la grande voie consulaire de Reims et de Verdun à Metz ; elle suit cette voie sur une longueur d'environ deux kilomètres et arrive avec elle sur les bords de l'Iron (*Ibliodurum*), où se trouvait, au lieu dit Corroy, situé à proximité d'Hannonville-au-Passage, un établissement gallo-romain d'une assez grande importance, dont il a été rendu compte au chapitre premier de notre tome II.

CHAPITRE XI

VOIE ANTIQUE

DE SENON A MANHEULLES

Ce chemin sort de Senon au sud du village d'où il se porte dans les terres situées à l'est de l'Etang d'Amel et du bois la Housse, laissant à petite distance à sa gauche le village d'Amel dont le territoire, ainsi qu'on l'a dit précédemment, a restitué un nombre considérable de monnaies antiques, tant gauloises que romaines ; il se dirige sur le bois dit le Prieur dans lequel il pénètre, traverse celui du Pinard et s'avance en ligne droite sur l'ancien bois de l'Etang, dont le sol actuellement défriché forme aujourd'hui la ferme dite Rogerchamp.

Le défrichement de ce bois eut lieu vers l'année 1840 ; lorsqu'on effectua cette transformation, les restes de la voie antique y furent mis à découvert sur une longueur de plus de treize cents mètres, et elle fut reconnue, ainsi que l'indique le journal de la Société d'Archéologie Lorraine, année 1856, page 125, « à la grande quantité de pierres « jonchant le sol dans une contrée argileuse où il n'y a pas de pierres et où, par consé- « quent, il ne peut s'en trouver une seule qui n'y ait été apportée. »

Le même journal nous apprend que diverses coupures opérées sur cette voie ont fait reconnaître qu'elle avait une largeur de sept à huit mètres, et qu'elle était établie sur un massif de pierres et de sable de dix-huit à vingt centimètres d'épaisseur. Ce mode de construction est bien en rapport avec celui qui était en usage pour l'établissement des voies secondaires.

Les vestiges mis à découvert sur cet emplacement ne peuvent d'ailleurs laisser aucun doute à ce sujet ; en effet, à peine sortie du bois communal d'Amel pour entrer sur la ferme de Rogerchamp, la voie descend une petite pente au bas de laquelle on a rencontré des traces de constructions d'une certaine étendue. En creusant un fossé plus bas, à une centaine de mètres de la voie et de l'autre côté du petit bassin, il fut mis à découvert des substructions formant angle et ayant aussi fait partie d'un bâtiment antique. Un peu en arrière, sur une légère ondulation du terrain, se trouvaient les débris assez nombreux d'une ancienne habitation. Enfin, au delà du coteau et sur le versant de l'Etang, on découvrit d'abondants débris de maisons, parmi lesquels des pierres de taille de forte dimension, et partout de grandes tuiles plates à rebords ainsi que quelques grosses tuiles creuses datant de la période gallo-romaine.

Ces débris portaient des traces de calcination prouvant que la destruction de ces demeures était due à l'action du feu ; de plus, la grande quantité de fragments de poteries rencontrée sur l'emplacement des deux dernières habitations citées, donne à penser que leurs propriétaires durent les abandonner sans avoir eu le temps d'enlever le mobilier qui s'y trouvait.

Il y a été recueilli une monnaie romaine en bronze à l'effigie de Commode, et diverses poteries qui sont conservées dans les collections de la Société d'Archéologie Lorraine, à Nancy.

M. de Lalance, qui a rendu compte de ces fouilles, conclut que cet emplacement n'a pas toujours été à l'état de forêt, et que cette portion de la contrée, remise aujourd'hui en culture, était habitée, sous la domination romaine, par des métayers ou colons comme il en existait déjà à cette époque.

D'autres objets antiques furent exhumés du sol de la ferme de Rogerchamp : on y mit à découvert, en 1840, un fragment de sculpture en rond de bosse en pierre, représentant la tête d'un animal, probablement un loup, qui est terrassé par un chien (Pl. XI, fig. 7) : ce morceau avait été recueilli par la Société Philomathique alors qu'elle siégeait au Collège et il figura longtemps avec d'autres pierres sur le pallier de la Bibliothèque publique de la ville ; il ne fut pas retrouvé lorsqu'on effectua, en 1855, le déménagement des collections.

Les notes manuscrites de M. Denis, de Commercy, portent qu'on y trouva, en 1842, un bas-relief en pierre représentant une biche de grandeur naturelle : le savant archéologue ne nous dit pas ce que devint cette sculpture qui était peut-être le complément d'une statue de Diane chasseresse.

J'ai appris, mais trop tard, qu'on y avait mis à découvert, en 1864, une stèle gallo-romaine, haute de près d'un mètre, ornée d'un fronton triangulaire à la partie supérieure, et portant une inscription dont malheureusement aucune copie ne fut prise ; ce précieux monument fut de suite utilisé dans les fondations d'un four à chaux alors en construction dans cette ferme. On y enfouit également une grande pierre sur laquelle étaient sculptées plusieurs têtes de satyres.

Les ouvriers employés au défrichement de la ferme de Rogerchamp avaient rencontré, dans le cours de leurs travaux, un assez grand nombre de monnaies antiques qui eussent pu être fort intéressantes : ils n'en connaissaient ni le mérite ni la valeur, et avouèrent qu'ils les avaient rejetées dans les terres uniquement parce qu'elles n'avaient plus cours. Cependant, M. Vielliard, d'Etain, ayant visité par hasard les travaux exécutés sur ce point, y trouva une monnaie gauloise en electrum, attribuée aux *Trevires*, portant au droit un cheval en course à gauche, et à l'exergue le mot TTINA, probablement *Pottina* (Pl. LX, fig. 16). Une monnaie semblable fut trouvée à Verdun en 1871.

Le chemin antique laisse Foameix un peu à l'ouest ; au sud de ce village et proche la voie, se trouve une contrée dite Entre-deux-Villes, où l'on voit des traces de constructions importantes qui se révèlent extérieurement par de grands fragments de tuiles plates à rebords et de nombreux débris de briques d'appareil ; le sol de cette contrée est littéralement jonché de tessons de poteries antiques plus ou moins fines, de diverses formes et de plusieurs couleurs.

La voie passe ensuite près du moulin de Bloucq où elle franchit l'Orne au moyen d'un gué dont l'empierrement se voit encore dans la rivière ; de ce point, elle s'avance en ligne droite, laissant à l'ouest le village de Fromezey sur le territoire duquel on rencontre assez souvent des haches polies en silex, dont l'une à bords plats, très complète, recueillie en 1875, fait partie du musée de Verdun (Pl. IV, fig. 1).

Le chemin pénètre ensuite dans les terres de la ferme du Haut-Bois où l'on a trouvé, en 1842, une meule portative (*mola manuaria*), en pierre oolithique, striée concentriquement et mesurant quarante centimètres de diamètre, laquelle fait partie du musée de Verdun (Pl. XI, fig. 5) ; ce musée conserve en outre un fragment d'instrument en pierre, long de vingt-trois centimètres, recueilli sur le même sol, et qui semble avoir également servi à broyer le froment : la forme de cet objet est celle d'un demi cylindre, plat en dessous, arrondi en dessus et s'amincissant aux extrémités ; la nature de la pierre dont il est formé est une espèce de granit composé de petit cailloux siliceux très rapprochés et agglomérés dans une gangue d'une grande solidité : cet ustensile semble être tout-à-fait primitif.

Le sol du Haut-Bois restitua en outre, en 1855, un charmant bijou formé d'une pièce de monnaie en or sortie dans un entourage de même métal, avec anneau pour la suspension : la monnaie est un *aureus* romain à l'effigie de Vérus, gendre de Marc-Aurèle qui s'associa à l'empire en l'an 161 ; elle porte d'un côté la tête laurée de l'empereur, avec cette légende : *imp. cœs, l. aurel. Verus aug.*, et au revers : *concordiæ augustor. tr. p. cos. II*, les deux empereurs debout et se serrant la main (Pl. LX, fig. 14).

On voit, sur le sol de la ferme du Haut-Bois, un beau tronçon de la voie antique qui est connu dans le pays sous le nom de Chemin des Romains ou le Vieux-Chemin, lequel est encore utilisé pour l'exploitation rurale. Ce chemin laisse un peu à l'ouest l'étang Grandjean, et vient longer à l'est le village d'Herméville où l'on voyait, il y a quelques années, un cippe gallo-romain haut d'environ quatre-vingts centimètres, sur lequel étaient représentés trois personnages dont l'un, celui du milieu, était barbu et de taille plus élevée que les deux autres ; ce monument fut mis en pièces et les morceaux en furent utilisés dans une maison en construction.

J'appris, en 1862, qu'un fragment de pierre sculptée, récemment exhumé du sol d'Herméville, venait d'être employé, comme pierre à bâtir, dans une grange du village ; j'obtins de faire remplacer ce morceau par un autre fraichement taillé, et grâce à cette initiative, ce petit monument figure aujourd'hui dans le musée de Verdun. Ce fragment, haut de quarante-cinq centimètres, large de cinquante, faisait partie d'une stèle de l'époque gallo-romaine, sur laquelle est creusée une niche surmontée de deux ceintres ou arcades ; sous l'une de ces arcades se trouve un bas-relief représentant le buste d'un jeune guerrier dans son costume militaire ; sous l'autre, dont il n'existe plus qu'une faible partie, on aperçoit une portion de la chevelure d'un second personnage, probablement d'une femme placée à la gauche du jeune guerrier (Pl. x, fig. 2).

La voie antique se porte au sud d'Herméville près duquel elle traverse le ruisseau d'Eix au lieu dit le Châtelet. Le nom de Châtelet fut donné à la contrée en raison d'un tertre ou monticule assez considérable qui existait en ce lieu ; ce monticule mesurait quarante mètres de diamètre et trois mètres de hauteur ; il fut aplani en 1828, et lorsqu'on procéda à son nivellement, on y mit à découvert une douzaine de squelettes de personnages inhumés avec leurs armes, une augette carrée en pierre renfermant des cendres, du charbon, des débris d'ossements humains calcinés et un petit vase en verre, puis au centre de ces diverses sépultures, un grand cercueil en pierre contenant un squelette ainsi qu'un riche mobilier qui fut bientôt disséminé ; nous en avons néanmoins trouvé le détail dans un rapport adressé à la Société Philomathique de Verdun par M. Dégoutin, d'Herméville, lu en séance du 20 novembre 1837 ; ces objets sont :

Une longue épée à deux tranchants, dite spatha ou arme des chefs et des cavaliers.

Un poignard à lame caraxée.

Une francisque ou arme de jet (Pl. xxxIII, fig. 3).

Une grande agrafe ou boucle de ceinturon en fer damasquinée d'argent.

Un peigne en fer, insigne d'une longue chevelure et par conséquent de noblesse.

Une petite lampe funéraire en terre rouge portant en dessous le mot ANITIVS qui est sans doute le nom du fabricant (Pl. xvIII, fig. 5).

Une monnaie romaine à l'effigie de Postune.

Le Châtelet d'Herméville était donc un *tumulus* considérable, renfermant une sépulture à incinération et plusieurs autres à enfouissement, dont l'une abritait la dépouille d'un personnage important.

Après avoir franchi le ruisseau d'Eix, la voie se porte sur les bois de Hennemont, laissant à l'ouest l'étang du Bourbeau et le bois de Grimaucourt dans lequel il fut mis à découvert, en 1864, sous les racines d'un vieux chêne, un *compedes* antique, objet assez curieux, formé de cinq grands chainons en fer, aux extrémités desquels se trouvent deux jambières ou fers courbes pouvant être rapprochés et serrés par un fort cadenas en fer; cet instrument, qui était employé comme entraves et servait à enchaîner les prisonniers de guerre deux à deux et par les pieds, est conservé dans les collections archéologiques du musée de Verdun (Pl. XXXVIII, fig. 10).

Du bois de Hennemont la voie devait se rendre dans les bois dits de la Woëvre et de la Grande-Woëvre ; car quoique nous en perdions ici la trace, nous en retrouvons les vestiges, un peu au delà, dans le bois dit de la Noire-Haie ainsi que dans les Clairs-Chênes ; on la distingue ensuite se dirigeant vers les vignes, au lieu dit la Pierre ; enfin elle, prend la plaine, traverse la contrée du Breuil et arrive à Manheulles où elle rencontre la grande voie consulaire de Reims et de Verdun à Metz.

On a vu, pages 74 et suivantes de notre tome II, le détail des objets antiques restitués par le sol de Manheulles.

CHAPITRE XII

VOIE ANTIQUE

DE SENON A LOCHÈRES PAR AVOCOURT

Une autre voie d'ordre inférieur, qui avait également son point de départ à Senon, sortait à l'ouest du village et se portait en ligne droite sur l'étang d'Amel dans lequel elle a laissé des traces d'empierrement bien connues : les habitants du pays savent que ces débris sont ceux d'une chaussée antique qu'ils désignent sous le nom de Ancien chemin des Romains.

Après avoir traversé cet étang, la voie vient passer au sud du bois dit le Grand-Commun, puis elle se dirige sur la rivière d'Ornes à proximité de la ferme de Rémany où l'on a rencontré, lieu dit le Meurnier, des substructions ou restes d'habitations antiques avec débris de grandes tuiles plates à rebords (*Hamatœ tegulœ*), des briques d'appareil et autres, des tessons de poteries et les fragments d'une meule portative (*Mola manuaria*), en pierre volcanique des Vosges. La voie se rend ensuite à la ferme du Bois-d'Arc où, quoique recouverte de terres arables, elle est parfaitement connue des cultivateurs.

Un peu au delà du Bois-d'Arc, dépendant de la commune de Gincrey, la voie fournissait un embranchement (*Via semita*) dont l'empierrement fut mis à découvert, en 1869, lors des travaux de drainage exécutés en cet endroit pour l'assainissement des terres de labours : il fut reconnu que cet embranchement se dirigeait en ligne droite vers le nord, et devait se rendre à la ferme de Sorel en passant par la Tuilerie située sous le bois de Pierreville.

Le sol de Sorel a restitué, en 1868, une jolie pointe de flèche en silex finement retaillée des deux côtés (Pl. IV, fig. 4).

Une hache en bronze dont je n'ai pu obtenir le dessin.

Et la partie supérieure d'un ustensile ou cassolette à manche, aussi en bronze, de trente-cinq centimètres de longueur (Pl. XXVIII, fig. 11).

Les deux premiers objets provenant de cette trouvaille furent recueillis par M. Launois, d'Arrancy ; le troisième est conservé dans le musée de Verdun.

Il est à présumer que cette voie, tout-à-fait d'ordre inférieur, continuait sa marche au delà de la ferme de Sorel, et qu'elle se rendait à Billy-sous-Mangiennes où l'on mit à découvert, en 1839, plusieurs sépultures de l'époque franque ou mérovingienne dans lesquelles on recueillit un certain nombre d'objets antiques qui sont conservés dans le musée de Verdun ; ce sont :

1° Trois vases ou urnes funéraires en terre grise, qui se trouvaient entre les pieds des squelettes (Pl. xiv, fig. 5, 6, 7) ;

2° Un glaive en fer ou scramasaxe à un tranchant, long de quarante-cinq centimètres (Pl. xxxiv, fig. 6) ;

3° Une lame de couteau poignard, longue de dix-huit centimètres ;

4° Trois petits fers de lances ou de javelots ;

5° Deux grandes plaques ou boucles de ceinturons en fer, garnies de trois gros clous en bronze : l'une de ces plaques porte des traces de damasquinures ou incrustations en argent (Pl. xxxvii, fig. 1) ;

6° Une petite boucle en cuivre avec plaque couverte de la patine antique, et une autre en même métal, ornée de signes gravés au burin (Pl. xxv, fig. 9, 10, 11) ;

7° Des ciseaux en fer à deux lames (*forcipes*), pour couper la barbe ou les cheveux (Pl. xxxix, fig. 1) ;

8° Un grand clou à tête sphérique en fer (Pl. xxxix, fig. 7) ;

9° Un autre à tête conique en bronze (Pl. xxxix, fig. 6) ;

10° Deux autres grands clous ou broches en fer, avec œillet à l'extrémité supérieure (Pl. xxxix, fig. 11).

A trois mille cinq cents mètres à l'ouest de Billy-sous-Mangiennes se trouve le Haut-Fourneau dont l'étang est traversé par les restes d'une petite chaussée antique près de laquelle il fut trouvé, en 1835, en déracinant un arbre de la forêt, une grande quantité de monnaies romaines en petits bronzes du bas empire, lesquelles sont restées en la possession de M. Burette, propriétaire des forges de cette localité. Une autre trouvaille de monnaies antiques fut faite au Haut-Fourneau dans une tranchée qu'on y ouvrit en 1877 ; le musée de Verdun conserve quatre de ces pièces qui sont des moyens bronzes à l'effigie d'Antonin, de Marc-Aurèle et de Faustine jeune.

Mais revenons à notre voie antique que nous avons suivie jusqu'au Bois-D'Arc : après avoir traversé cette ferme, elle vient passer un peu au sud de Pierreville, commune de Gincrey, où elle se trouve recouverte par les terres en culture ; elle est néanmoins connue des habitants du pays qui la désignent sous le nom de la Voie Romaine. Elle se trahit de distance en distance par les débris de son empierrement que la charrue arrache du *summum dorsum* de la chaussée, et qu'elle fait revenir à la surface du sol.

Cette voie fut mise à découvert sur plusieurs points de la ferme de Pierreville, lors des travaux de drainage exécutés, en 1869, par M. le comte Dessoffy de Csernek; je l'ai visitée alors, et j'ai reconnu que le *nucleus* de cette chaussée était, comme celui de toutes les routes d'ordre inférieur de notre pays, composé d'une couche ou agglomération de pierres concassées formant, avec le sable qui s'y trouve mêlé, une espèce de macadam très solide, d'une épaisseur d'environ vingt-cinq centimètres.

Divers objets antiques furent trouvés dans les terres de Pierreville qui avoisinent cette voie; on y recueillit, en 1860, une belle monnaie romaine en grand bronze, à l'effigie de Marc-Aurèle, portant au revers *Imp. VI, Cos. II* (Victoire écrivant sur un bouclier), laquelle fait partie du musée de Verdun.

En 1862, lors de la construction du château actuel, il y fut trouvé une belle hache en silex, polie et à côtes, longue de treize centimètres, qui est conservée dans le cabinet de M. le comte Dessoffy (Pl. IV, fig. 3).

En 1869, lors des travaux de drainage dont nous avons parlé plus haut, il fut mis à découvert, près du passage de la voie, des substructions ou restes de constructions antiques dans lesquelles se trouvaient de nombreux fragments de grandes tuiles plates à rebords, des briques d'appareil et autres, des tessons de poteries de diverses sortes; plusieurs objets provenant de cette fouille sont conservés dans les vitrines du musée de Verdun; ce sont:

1° Un goulot de vase en terre rouge (Pl. XV, fig. 10);
2° Un fragment de bol en terre dite de Samos, avec dessins en relief (Pl. XVIII, fig. 4);
3° Un petit instrument en fer qui semble être la clavette d'un essieu (Pl. XXXVIII, fig. 9);
4° Deux monnaies romaines en moyens bronzes, tout-à-fait frustes.

De Pierreville, la voie se porte à l'Epina où ses traces sont encore visibles quoique le fermier de ce lieu l'ait en partie défoncée et qu'il en ait extrait, de 1833 à 1834, environ six cents tombereaux de larges pierres.

L'Epina était, dans les temps antiques, une *villa* élégante et richement décorée, dont quelques débris furent exhumés du sol en 1855: on y trouva la partie supérieure d'une statue en pierre de grandeur de nature dont les ouvriers se hâtèrent de compléter la destruction; il y fut ensuite rencontré deux autres fragments qui sont conservés dans les collections archéologiques du musée de Verdun; ce sont:

1° Une portion de corniche ornementée (Pl. ix, fig. 2);

2° Un débris de bas-relief, représentant un Génie ailé (Pl. ix, fig. 1).

Au delà de l'Epina, la voie se porte dans les bois de Maucourt qu'elle traverse dans toute leur longueur et dont elle sort à l'ouest pour se rapprocher de la prairie. Le territoire de Maucourt, ainsi que nous le fait connaître le Narrateur de la Meuse, a restitué, en 1807, une monnaie romaine en potin, à l'effigie de l'empereur Valérien, portant au revers *Gloria augusti* (1).

Après avoir franchi le territoire de Maucourt, la voie vient passer au sud d'Ornes où il fut trouvé, en 1856, sur les bords du chemin antique, une petite sculpture en pierre représentant un lion qui fait partie de mon cabinet (Pl. ix, fig. 7). On y a recueilli, en 1863, trois monnaies romaines en moyens bronzes, qui sont conservées dans les casiers du musée de Verdun; ces monnaies sont toutes les trois à l'effigie de Maximien Hercule, au type de *Genio populi romani*.

La voie se rend ensuite dans le bois Brûlé, et de là aux Chambrettes où elle est enfouie sous le sol; mais elle a souvent été mise à découvert dans les terres de cette localité, et les habitants du pays en connaissent parfaitement le tracé; après s'être croisée aux Chambrettes avec la route antique de Verdun à Marville, elle se porte sur Louvemont au nord duquel on a trouvé, en 1853, entre ce village et celui de Beaumont, une monnaie en moyen bronze à l'effigie de Commode, et un denier en argent de Gordien Pie, ℞. *Aequitas aug.* Le sol de Louvemont a en outre restitué, en 1875, un moyen bronze d'Antonin, ℞. *Felicitas cos. III*, un grand bronze et un moyen bronze de Commode : toutes ces pièces sont conservées dans le musée de Verdun.

De ce point la voie pénètre sur le territoire de Vacherauville où elle gravit la côte à Tàloue au sommet de laquelle, redevenue visible, elle est connue sous le nom de Chemin des Romains et de Chemin des Allemands. La côte à Tàloue a souvent restitué des objets ainsi que des monnaies antiques : on y mit à découvert, en 1826, sur les bords même de la voie, plusieurs sépultures renfermant des armes, des urnes funéraires et quelques autres objets qui furent immédiatement dispersés ou détruits; une monnaie provenant de ces sépultures est néanmoins conservée dans le musée de Verdun : c'est un petit bronze à l'effigie de l'empereur Crispus, ℞. *Providentiæ Cæss.* Ce musée conserve en outre un moyen bronze d'Auguste, au type de l'Autel de Lyon, et un grand bronze de Marc-Aurèle, ℞. *Tr. pot. XII. Cos. II*, qui furent recueillis, en 1857, dans ce même terrain.

(1) Cf. Narrateur de la Meuse, tome VI, N° 247.

Le chemin antique est parfaitement visible près des vignes qui sont plantées sur cette côte : il descend les pentes rapides de la colline et se dirige sur le village de Champneuville au nord duquel il franchit la Meuse au lieu dit Gué des Pierres, dont le pavé ou empierrement, établi de mains d'hommes, est connu comme datant de l'époque gallo-romaine. Quelques travaux y furent entrepris, en 1877, pour le curage de la rivière; les graviers extraits immédiatement au dessous du gué restituèrent une monnaie gauloise des *Catalauni*, en potin, au type du Camulus ou Mars gaulois, laquelle est conservée dans les collections du musée de Verdun.

De ce point, la voie se rend à Cumières près duquel se trouvait l'emplacement d'une station préhistorique ou de l'âge de la pierre, époque néolithique; on y mit à découvert, en 1873, une habitation à ciel ouvert, avec foyer, et un puits sépulcral creusé de mains d'hommes, duquel furent extraits dix-neuf squelettes du type de l'homme de Furfoos. J'ai déjà rendu compte de cette importante découverte dans le tome II de l'Archéologie de la Meuse; c'est donc aux pages 97 et suivantes de ce volume que le lecteur trouvera tous les détails relatifs à cette curieuse et très intéressante station dont le mobilier était exclusivement composé d'objets en pierre ou en os de chevaux travaillés.

Indépendamment de ces objets, qui remontent à une haute antiquité, il fut recueilli en 1873, sur le territoire de Cumières, mais à une grande distance de l'emplacement occupé par la station préhistorique dont nous venons de parler, un moyen bronze à l'effigie de Constantin Ier, ₰. *Soli invicto comiti*, et une pointe de lance en fer; ces deux objets sont conservés dans le musée de Verdun.

Au nord de Cumières se trouve le village de Forges un peu à l'est duquel est une contrée dite aux Avirailles où l'on rencontre des substructions ayant appartenu à une *villa* dont le souvenir s'est perpétué dans le nom de la contrée voisine dite au Paquis sous la Ville : des restes de constructions fort anciennes, enfouies à quelques centimètres sous le sol, furent mis à découvert d'abord, en 1844, et ensuite en 1873, sur l'emplacement de cette *villa* ; on y rencontra des murailles solides qui fournirent immédiatement, à des bâtiments alors en construction, un grand nombre de pierres travaillées : ces murs dessinaient plusieurs petites pièces ou cellules jonchées à l'intérieur de débris de grandes tuiles plates à rebords et de briques d'appareil ; au dessous de ces pièces, se trouvait une cave voûtée qu'on s'empressa de démolir et de combler.

A un kilomètre à l'ouest de cette *villa*, se trouve la contrée du Brouvois située au sommet de la côte la plus élevée du pays et à proximité du bois dit le Tombois, c'est-à-dire lieu des tombeaux : cinq squelettes furent mis à découvert en 1873, au Brouvois, dans une carrière récemment ouverte pour l'extraction de la pierre ; les objets recueillis près de ces squelettes sont conservés dans le musée de Verdun, ce sont :

1° Une spatha ou épée à deux tranchants, longue de quatre-vingt-cinq centimètres, à l'usage des chefs ou des cavaliers (Pl. XXXIV, fig.3);

2° Une hache d'armes ou de combat en fer (Pl. XXXIII, fig. 2);

3° Une francisque ou arme de jet, aussi en fer (Pl. XXXIII, fig. 4);

4° Six fers de lances de formes et de grandeurs différentes, mesurant soixante-quatre, cinquante-six, quarante-sept, quarante-deux et vingt-sept centimètres de longueur (Pl. XXXV, fig. 1, 2, 3);

5° Une boucle de ceinturon en fer, avec plaque ronde ornée de trois gros clous en bronze (Pl. XXXVI, fig. 5);

6° Deux boucles en bronze sans leurs plaques;

7° Une fibule ronde en bronze, avec torsade et filets concentriques (Pl. XXVIII, fig. 12);

8° Une fibule oblongue en bronze, ornée de verroteries rouges, ayant un crochet en forme de bec d'oiseau (Pl. XXVIII, fig. 15);

9° Deux boucles d'oreilles en argent (Pl. XXXI, fig. 5);

10° Deux anneaux en bronze passés l'un dans l'autre, dont le plus grand mesure trente et un, et le plus petit vingt-quatre millimètres de diamètre (Pl. XXXI, fig. 4);

11° Une bague en bronze avec chaton en agate bleue (Pl. XXXI, fig. 8);

12° Quelques très petits grains de collier en verre, en ambre et en perles (Pl. XXI, fig. 1);

13° Une aiguille en bronze ouvragée, longue de soixante-cinq millimètres (Pl. XXX, fig. 9);

14° Une cuiller à parfums en métal blanc, longue de cent vingt-cinq millimètres (Pl. XXX, fig. 8);

15° Plusieurs petites urnes funéraires en terre, dont deux seulement ont pu être conservées : l'une porte sur la panse des figures d'animaux dessinés au trait (Pl. XIV, fig. 8), l'autre, un feston tracé au pointillé (Pl. XIV, 9);

16° Deux monnaies gauloises dont l'une des *Lingones*, au type du bucrane, et sept romaines dont un grand bronze de Trajan, deux moyens bronzes d'Agrippa et d'Antonin, quatre petits bronzes de Maximien Hercule, de Maximin Daza et de Constantin I*, ce dernier au type de *Sarmatia devicta*.

Au delà de Cumières, la voie se porte au lieu dit le Pommerieux dont l'emplacement dût être occupé par un établissement antique : le sol de cette contrée est en effet couvert de tessons de poteries, de fragments de grandes tuiles plates à rebords, de briques et de pierres taillées.

Après avoir traversé le Pommerieux et s'être croisée avec le *diverticulum* antique de Verdun à Romagne-sous-Montfaucon, la voie franchit le ruisseau d'Esnes à partir duquel elle prend le nom de Chemin de la Potence et aussi celui de Chemin des Potiers;

elle s'avance en ligne droite et vient passer sous la côte la Hoche au sommet de laquelle il fut mis à découvert, en 1849, en creusant le fossé qui borde la plantation de M. Hennequin, entre Esnes et Malancourt, sept sépultures enfouies à une faible profondeur dans le sol, et orientées de telle manière que tous les squelettes avaient les pieds dirigés vers l'orient et la tête du côté de l'occident.

Ces sépultures renfermaient des armes et des objets provenant de l'équipement de guerriers francs ou mérovingiens : on y trouva des lames de glaives à deux tranchants, des scramasaxes et des couteaux poignards ; dans l'une se trouvait une portion de ceinturon avec agrafes en argent ; dans les autres de grandes boucles avec plaques damasquinées ou incrustées d'argent ; presque toutes renfermaient des morceaux de silex, ce qui fit dire dans le pays, que ces guerriers étaient venus du nord où la coutume était de placer ces pierres dans les tombeaux, ainsi que le font encore les Lapons soumis au culte d'Odin. Tous ces objets furent détruits ou disséminés ; le seul qui put être conservé est une belle lame de spatha à deux tranchants, longue de quatre-vingt-cinq centimètres, laquelle fait partie du musée de Verdun : cette arme est du même type que celle qui est figurée sous le numéro 3 de la planche XXXIV de ce volume.

Après avoir longé le pied de la côte la Hoche qui reste au nord, la voie poursuit sa marche vers l'ouest et se rend au sommet du Pertus, côte qui domine le village d'Esnes.

Le territoire d'Esnes a souvent restitué des monnaies antiques, entre autres, une belle pièce romaine en or, à l'effigie d'Antonin, au revers de *Jovi Statori*, trouvée en 1853 et qui fut vendue à Paris.

Le musée de Verdun conserve quelques unes de ces monnaies recueillies sur le finage d'Esnes, notamment dans les jardins du village, ce sont :

1° Un denier en argent de l'effigie de Tibère, ℞. *Pontif. Maxim.*, trouvé en 1852 ;

2° Un moyen bronze de la colonie de Nîmes, au type du crocodile, un moyen bronze de Néron, un denier en argent d'Hadrien, un moyen bronze d'Aelius et un grand bronze de Marc-Aurèle, trouvés en 1865 ;

3° Un moyen bronze de la colonie de Nîmes, aussi au type du crocodile, et un denier en argent d'Elagabale, ℞. *Concordia felix*, trouvés en 1867 ;

4° Un grand bronze de Trajan, trouvé en 1872.

Après avoir parcouru le sommet du Pertus et contourné au sud le calvaire d'Eix, la voie se rend dans les bois d'Avocourt qu'elle traverse presque en ligne droite pour venir passer un peu au nord du village d'Avocourt. Cette localité a été citée comme ayant eu une grande importance dans les temps antiques : des ruines considérables y sont en effet enfouies sous le sol ; elles ont donné à supposer qu'une ville y avait existé ; mais il résulte de l'examen du sol et de la nature des débris qu'il recouvre, que ce pays ne devait posséder que des villas ou de riches métairies agricoles dont les serfs ou esclaves, formant une population nombreuse, étaient employés à des travaux de culture ; ils se livraient probablement déjà, comme le fait encore la population actuelle, à la fabrication de la poterie commune, ce que semble indiquer l'immense quantité de fragments de céranique antique qu'on rencontre à la surface des champs qui s'étendent au nord-ouest du village, sur les coteaux bordés aujourd'hui par les bois de la commune, par ceux de Malancourt et de Cheppy. Là, en effet, sur une étendue de plus de deux kilomètres en longueur, et de un kilomètre en largeur, le sol est littéralement couvert de tessons de patères, assiettes ou soucoupes, amphores, bols, tasses et vases de toutes formes, pour la plupart de couleur rouge, réduits en petits fragments par la charrue qui les retourne et les fracture tous les ans depuis des siècles.

Le musée de Verdun possède néanmoins une jolie soucoupe en terre rouge très fine, à peu près complète, qui fut trouvée sur cet emplacement en 1861, et une portion d'as-siette en même terre, portant au centre l'estampille du fabricant : SVSACVS. Il conserve en outre quelques débris de bols, genre Samos, parmi lesquels je citerai un fragment orné de guirlandes en relief, sous lesquelles on voit une levrette en course (Pl. XVIII, fig. 2), et un autre débris portant une tête barbue, sorte de tête de Méduse, surmontée de longues oreilles, ayant la bouche ouverte et percée à jour (Pl. XVIII, fig. 1) ; puis un fragment de brique ou poterie rouge, d'une époque beaucoup moins ancienne, présentant un bandeau sur lequel existent deux médaillons, dont l'un renferme une étoile à huit branches, et l'autre, les monogrammes de Jésus et de Marie, en lettres gothiques, ce qui prouve que, entre les temps antiques et ceux actuels, la fabrication de la terre cuite ne fut pas interrompue à Avocourt.

Diverses substructions se trouvent sous ce sol : il y fut mis à découvert des portions de murs de un mètre d'épaisseur, des foyers, des aqueducs, une avenue pavée, et, parmi ces ruines souterraines, une énorme quantité de briques d'appareil, de grandes tuiles plates à rebords et de ferrements oxydés.

Une petite tranchée ouverte en 1853, au lieu dit l'Argentière, a permis d'y reconnaî-tre les restes d'une salle de bain avec hypocauste construit en briques, dont la voûte, soutenue par de nombreux pilastres, était revêtue de stalactites ; la construction de ce petit monument était tellement solide, que le propriétaire recula devant les travaux de démolition ; grâce à cette considération il ne fut pas détruit, mais seulement recouvert, et quelque jour un archéologue zélé pourra peut être faire tourner au profit de la science le résultat de ses investigations dans la contrée de l'Argentière.

Au centre du plateau jonché de fragments de poteries, se trouve un antique cimetière qui occupe une superficie de quarante à cinquante ares, dont l'emplacement porte aujourd'hui le nom de Champ des Bierres : la plupart des sépultures qui le composaient étaient formées d'auges en pierre gisant à une faible profondeur; aussi, lorsque vers l'année 1812 on entreprit de débarrasser le sol de ces tombes qui faisaient obstacle à la culture, put-on facilement en extraire un grand nombre; mais les ouvriers employés à ce travail s'étant bornés à enlever seulement les moins profondément enfouies, le sol en recouvre encore un nombre considérable que l'excavation d'un sillon met de temps en temps à découvert.

Ces tombes sont pour la plupart formées d'une auge en pierre fermant au moyen d'une grande dalle; on y trouve des sépultures moins somptueuses, composées de petites murailles en pierres plates posées de champ, avec dalles plus larges pour couvercles; d'autres enfin, dont les squelettes, immédiatement en contact avec le sol, ont quelquefois la tête posée sur une pierre. On y rencontre en outre des amas d'ossements mêlés de chaux, de sable et de charbons.

Les sépultures du Champ des Bierres sont toutes orientées; elles ont abrité des femmes, des enfants et des guerriers de haute taille dont les pieds sont sans exception dirigés vers l'orient. Les objets qu'elles renferment sont ordinairement un petit vase en terre ou en verre, lequel est toujours placé entre les pieds du squelette; on y a trouvé des lames de glaives et quelques armes oxydées, des boucles de ceinturons en fer et en bronze, des fibules et autres objets qui caractérisent l'époque franque ou mérovingienne et qui furent détruits ou vendus comme vieilles ferrailles.

La tradition a perpétué dans le pays le souvenir de l'ancienne splendeur de l'établissement qui a longtemps prospéré sur ce terrain : « Là, disent les villageois, s'élevait « une grande ville qu'on nommait Paséas, qui était riche et s'étendait au loin; ici, « était le cimetière et là, un aqueduc souterrain dont les conduits gisent encore en par- « tie sous le sol; mais le tout a été détruit par les barbares du nord lorsque leurs hordes « saccagèrent le pays et le ruinèrent par le fer et le feu. » Ils montrent en effet, dans les terres, quelques places noircies qu'ils regardent comme étant la preuve d'une dévastation par l'incendie.

Mais, de ces vestiges aux ruines d'une grande ville, il y a loin; d'ailleurs la position topographique peu favorable à une agglomération considérable d'habitants, le manque de traces de grandes constructions et de débris de monuments, la faiblesse du cours d'eau qui alimente le pays, empêchent d'accueillir dans son ensemble la tradition locale sans doute bien exagérée. C'est principalement l'étendue du Champ des Bierres et le grand nombre de sépultures qu'il renferme, qui ont fait croire à l'existence d'une grande ville à laquelle les habitants donnent depuis quelques années le nom de Paséas.

J'ai cherché quelle pouvait être l'origine de cette dénomination : il m'a été dit qu'on avait trouvé, sur l'emplacement du Champ des Bierres, une grosse pierre taillée, qui existait encore à Avocourt au commencement de ce siècle, sur laquelle était gravé le nom de Paseus ou Paseas, et que ce nom devait être celui de la ville détruite. On peut, je crois, conclure de cet aveu, que les habitants du village, peu versés en archéologie, n'ont pas su reconnaître que la pierre en question devait être bien plutôt un monument funéraire, une stèle consacrée aux Dieux Mânes, *Diis Manibus*, comme on en rencontre de temps en temps avec des inscriptions votives, et que ce monument avait été élevé ou érigé par les soins de la famille aux mânes de Paseus.

Le prémontré Lebonnetier, curé de Charpaigne et grand amateur d'antiquités, nous fait connaître, dans ses cahiers manuscrits, qu'il fut recueilli à Avocourt, en 1730, diverses monnaies antiques ainsi qu'une statuette en bronze dont il n'indique pas le sujet. Il nous apprend en outre que, en 1738, le soc d'une charrue y mit à découvert une amphore de très grande dimension, remplie de monnaies romaines, et que, étant arrivé trop tard sur les lieux, il ne put se procurer que soixante-sept de ces pièces dont la série commençait à Gallien et finissait avec Constance Chlore. Il ajoute qu'il fallut des sacs et une voiture pour enlever ce trésor dont le poids était de quatre cents livres et se composait de monnaies fourrées, de pièces saucées, d'autres en bronze et peu en argent ; dans cette masse, se trouvait une bague en argent et un dé à jouer en ivoire.

Dom Cajot parle aussi d'Avocourt comme recélant des souvenirs des temps antiques ; il dit qu'on y montre « des sépultures où la manière et le goût des ouvriers de Rome « conservent ce ton de vétusté que les connaisseurs saisissent à l'œil : les habitants du « lieu possèdent une multitude de médailles frappées sous les empereurs Carus et Pro-« bus. Il y en a de l'impératrice Faustine, femme de Marc-Aurèle : j'en ai vu, dit-il, « de Gallien, de Postume, d'Antonin, etc. » (1).

En 1826, le sieur Guillaume, d'Avocourt, rencontra dans un champ qu'il défonçait, un vase en argent renfermant plusieurs monnaies romaines à l'effigie de Commode, de Gordien Pie et de Postume.

On y a trouvé, en 1838, une jolie statuette en bronze, haute de neuf centimètres, représentant Mercure : le Dieu est nu et porte sur la tête le pétase surmonté des deux ailes emblématiques ; cette statuette faisait partie du cabinet de feu M. Clouët, de Verdun (Pl. XXIII, fig. 4).

Il y a été recueilli, en 1840, une petite hache votive polie, en jade ou pierre verte,

(1) Cf. Almanach historique de Verdun, année 1775, page 28.

— 113 —

qui est conservée dans le musée de Verdun (Pl. IV, fig. 2), et en 1050, une fibule en bronze ou plaque ronde, dont la face principale est en mosaïque formée de petits cubes de couleurs vives et variées : cet antique faisait partie du cabinet de feu M. Nicaise, ancien notaire à Varennes.

Nous avons vu plus haut que le sol d'Avocourt avait restitué anciennement un nombre considérable de monnaies antiques; cette mine n'est pas épuisée : en 1856, quelques coups de pioche suffirent pour y mettre à découvert un vase en terre qu'on s'empressa de briser; ce vase renfermait cent quarante-six monnaies romaines dont neuf deniers en argent, d'une belle conservation, à l'effigie de Julia Domna, Elagabale, Soémias, Maesa, Alexandre Sévère, Maximin, Philippe père, et cent trente-sept grands bronzes appartenant aux règnes de plusieurs empereurs et se divisant de la manière suivante : une de Galba, un de Vespasien, trois de Domitien, quatorze de Trajan, vingt-cinq d'Hadrien, deux de Sabine, vingt-deux d'Antonin, neuf de Faustine mère, trente de Marc-Aurèle, quatorze de Faustine jeune, cinq de Lucille femme de Vérus, trois de Commode, un de Crispine sa femme, trois de Septime Sévère, un de Julia Domna sa femme, un d'Alexandre Sévère et un d'Hostilien.

La plus ancienne des pièces composant ce lot, celle à l'effigie de Galba, remonte à l'an 68 de notre ère; la plus récente, frappée pour l'empereur Hostilien, date de l'année 251 : on peut donc admettre que seize siècles ou environ se sont écoulés depuis que ce dépôt fut confié à la terre. Ce petit trésor fut acquis par M. l'abbé Jeannin, alors professeur au Grand Séminaire de Verdun; il est aujourd'hui en la possession de son frère, curé de Dammarie.

J'ai recueilli et réuni dans le musée de Verdun, un certain nombre de monnaies romaines trouvées çà et là, dans l'espace de quelques années, sur le sol du territoire d'Avocourt : ces monnaies, au nombre de cent trente-trois, représentent les règnes de quarante empereurs ou impératrices du haut et du bas empire; en voici la nomenclature :

	Argent.	Gr. bronze.	Moyen br.	Petit br.		Argent.	Gr. bronze.	Moyen br.	Petit br.
Auguste	»	»	m.b.	»	Sabine	»	g.b.	»	»
Auguste et Agrippa	»	»	m.b.	»	Antonin	»	g.b.	»	»
Agrippa	»	»	m.b.	»	Faustine mère	»	g.b.	»	»
Tibère	a.	»	m.b.	»	Marc-Aurèle	»	g.b.	»	»
Antonia femme de Drusus	»	»	m.b.	»	Faustine jeune	»	g.b.	»	»
Caligula	»	»	m.b.	»	Commode	»	g.b.	m.b.	»
Néron	»	»	m.b.	»	Crispine	»	g.b.	»	»
Vespasien	»	»	m.b.	»	Septime Sévère	»	g.b.	»	»
Domitien	»	g.b.	m.b.	»	Alexandre Sévère	»	g.b.	»	»
Trajan	»	g.b.	m.b.	»	Gallien	a.	»	»	p.b.
Hadrien	»	g.b.	m.b.	»	Postume	»	g.b.	»	p.b.

	Argent.	Gr. bronze.	Moyen br.	Petit br.		Argent.	Gr. bronze.	Moyen br.	Petit br.
Victorin	»	»	»	p.b.	Licinius	»	»	»	p.b.
Tétricus père.	»	»	»	p.b.	Constantin Ier.	»	»	»	p.b.
Tétricus fils.	»	»	»	p.b.	Crispus	»	»	»	p.b.
Claude le Gothique	»	»	»	p.b.	Constans Ier.	»	»	»	p.b.
Quintille.	»	»	»	p.b.	Constantius II	»	»	»	p.b.
Probus	»	»	»	p.b.	Magnence	»	»	»	p.b.
Dioclétien	»	»	m.b.	»	Valentinien Ier	»	»	»	p.b.
Maximien Hercule	»	»	m.b.	»	Valens.	»	»	»	p.b.
Constance Chlore	»	»	m.b.	»	Gratien	»	»	»	p.b.

Après avoir contourné au nord le village d'Avocourt, la voie continue sa marche vers l'ouest et vient couper le sentier dit des Religieuses qui aboutit à la contrée du Moustier (*Monasterium*) où, suivant la tradition, une maison de Nonnes aurait existé très anciennement : les monnaies ainsi que les objets qu'on trouve sur cet emplacement, appartiennent en effet à une époque relativement peu reculée.

La voie venait longer les bois de Cheppy au sud desquels elle traverse la vallée et le ruisseau de la Noux, à proximité du Pont des Quatre-Enfants ; de ce pont, elle se rend à la ferme des Allieux sur les terres de laquelle elle est visible et connue sous le double nom de Chemin des Ferrons et de Chemin des Romains. On mit à découvert, il y a quelques années, à la ferme des Allieux, des tuyaux souterrains ou conduits en pierre qui, dit-on, amenaient, aux temps antiques, les eaux de Vauquois dans cette ferme ; de plus, il y fut rencontré des substructions ou restes de bâtiments d'une haute antiquité, parmi lesquels on recueillit divers fragments de poteries fines, en terre dite de Samos, portant des empreintes de figures en relief : j'ai vu dans le cabinet de M. Nicaise, propriétaire de la ferme des Allieux, les débris d'un bol en belle terre rouge sur le fond duquel se trouve l'estampille du fabricant, portant le mot IOVI.

Le musée de Verdun conserve un beau grand bronze romain à l'effigie de Postume, ℞. *Victoria aug.*, trouvé dans les terres de cette ferme.

Un peu au nord des Allieux se trouve le bois communal de Vauquois dans lequel il existe un puits antique qui a restitué, lorsqu'on entreprit de le curer il y a peu d'années, quelques monnaies romaines ainsi qu'une belle clef en bronze, de l'époque mérovingienne, qui faisait partie du cabinet de feu M. Nicaise, ancien notaire à Varennes (Pl. XXXII, fig. 6).

Le territoire de Varennes et celui des villages qui avoisinent cette petite ville ont également restitué des objets datant de l'époque antique; ceux fournis par le sol de Varennes furent rencontrés :

1° A la Verte-Voie, contrée dont les terres sont couvertes de fragments de grandes tuiles plates à rebords, et où l'on mit à découvert, en 1850, des caves ou constructions souterraines dans l'une desquelles se trouvaient les débris d'une meule en pierre volcanique des Vosges, et une tête de Diane en pierre, haute de vingt-un centimètres, laquelle est conservée dans le musée de Verdun (Pl. XI, fig. 1);

2° Au Pont de l'Homme-Mort, où l'on sortit de terre, en 1830, deux sépultures antiques dont les squelettes étaient accompagnés de glaives, de couteaux poignards et de boucles de ceinturons en fer; ces sépultures restituèrent en outre une urne funéraire en terre rouge, et une cruche en terre noire ornée de stries (Pl. XII, fig. 6) : ces divers objets faisaient partie du cabinet de feu M. Cottin, de Varennes;

3° Aux Ecomportes, où existent des substructions ou ruines souterraines assez considérables dans lesquelles M. Cottin, propriétaire de cette ferme, fit effectuer une fouille qui permit de recueillir divers objets antiques parmi lesquels nous citerons :

Un coffret rempli de monnaies romaines.

Un petit vase en verre olivâtre, porté sur quatre pieds et orné de filets blancs faisant saillie (Pl. XXI, fig. 8).

Les fragments d'une trompe en terre rouge, devant mesurer cinquante centimètres de longueur (Pl. XVIII, fig .6).

Plusieurs fers de mulets ou de chevaux de très petite taille.

Un grand nombre de pierres rondes ou sphériques, de sept centimètres de diamètre, qu'on suppose avoir été ainsi taillées pour servir à quelque jeu ou pour être lancées au moyen d'une fronde (Pl. XI, fig. 9).

Tous ces objets faisaient partie du cabinet de feu M. Cottin, de Varennes.

Parmi les villages qui avoisinent Varennes, nous devons citer :

Verry, dans les bois duquel on mit à découvert, en 1866, sous la souche d'un vieux chêne, une tombe en plomb, longue de soixante centimètres, renfermant des armes et autres objets en fer qui furent immédiatement dispersés ou détruits.

Cheppy, dont le finage restitua, en 1880, une monnaie romaine en argent à l'effigie de Treboniagalle, ꝶ. *Æternitas augg.*, qui fait partie du musée de Verdun.

Boureuilles, près duquel il existe, sous le sol d'un pré situé sur la rive gauche de l'Aire, lieu dit la Faïencerie, des substructions antiques qui furent mises à découvert il y a quelques années; on recueillit dans ces ruines une tablette de marbre dit Vert-antique et une monnaie romaine en moyen bronze à l'effigie d'Antonin : ces deux objets sont conservés dans le musée de Verdun.

De plus, à environ deux kilomètres au sud de Boureuilles, il fut mis à découvert, en

1855, lors de l'établissement du chemin vicinal qui conduit au château d'Abancourt, une sépulture antique renfermant trois belles poteries qui font actuellement partie du musée de Verdun; ce sont :

Une grande urne funéraire en terre grise, haute de trente-trois centimètres, qui se trouvait remplie d'une eau limpide (Pl. xvi, fig. 2).

Une autre plus petite en terre noire, haute de douze centimètres, et dont la base est très rétrécie (Pl. xvi, fig. 8).

Un bol ou soucoupe en terre rouge, de onze centimètres de diamètre, dans lequel se trouvaient une vingtaine de monnaies romaines en petits bronzes, pour la plupart à l'effigie de Constantin II (Pl. xvii, fig. 6).

Mais revenons à notre voie antique que nous avons abandonnée aux Allieux où, comme il a été dit, elle est connue sous le double nom de Chemin des Ferrons et de Chemin des Romains : de cette ferme, la voie se dirige sur le village de Neuvilly dans lequel il a été trouvé, en 1869, une monnaie romaine en grand bronze, à l'effigie de Trajan, ℞. *Felicitas Augusti*, qui fait partie du musée de Verdun.

Au delà de Neuvilly, la voie se porte dans la forêt d'Argonne où, au lieu dit la Croix de Pierre, elle se soude sur la grande voie consulaire de Reims, décrite au chapitre Ier du tome II de notre travail sur l'Archéologie de la Meuse.

CHAPITRE XIII

DIVERTICULUM

DE DUN AU CAMP DE TITELBERG

Nous indiquons Dun comme étant le point de départ du *diverticulum* qui, passant par Flassigny et par Longwy, se rendait au camp de Titelberg; il est cependant à présumer que cette voie prenait naissance à Romagne-sous-Montfaucon où aboutissait, comme on l'a vu précédemment, un chemin antique venant de Verdun (1); quoique dans ce petit parcours on ne trouve pas de traces certaines de ce diverticule, notre supposition semble être justifiée par les nombreux objets qui furent rencontrés sur les territoires situés entre Romagne et Dun, savoir :

1° A Cléry-le-Grand, dont le sol a restitué, il y a quelques années, un certain nombre de monnaies romaines ;

2° A Cléry-le-Petit, sur le territoire duquel on mit à découvert, il y a peu d'années, plusieurs tombes ou auges en pierre, renfermant, avec des ossements de guerriers de grande taille, diverses armes et objets de l'époque franque ou mérovingienne, ainsi que des monnaies antiques ;

3° Enfin à Doulcon où, en abaissant en 1852 le sol d'une écurie de ferme appartenant à M. le comte Dessoffy de Csernek, on rencontra quatre sarcophages en pierre, avec couvercles bombés et évidés en dessous, évidemment de l'époque franque ou mérovingienne, mais ne renfermant plus que quelques débris d'ossements pourris et à peine reconnaissables.

Au delà de Doulcon la voie antique aurait franchi la Meuse au lieu dit Pont de la Tour pour ensuite traverser la ville de Dun.

(1) Archéologie de la Meuse, tome II, page 95.

On ne possède aucun renseignement sur l'origine de Dun ; néanmoins l'existence de cette ville semble remonter à des temps fort anciens, aussi est-ce à elle que divers archéologues attribuent, avec quelques réserves il est vrai, les triens mérovingiens ou tiers de sous d'or portant en légende les mots DVNO FITVR, DVNIS FIT, dont on connaît quelques rares exemplaires. On sait seulement que Dun fut donné en 997 aux évêques de Verdun, dont l'un, Richer, qui siégea de 1089 à 1107, fit frapper dans cette localité des deniers d'argent portant en légende le mot DVNVM.

La ville de Dun est en partie construite sur une montagne dont le sommet était occupé anciennement par un château fort dont on voit encore quelques murailles ; mais le sol de Dun recèle-t-il des traces de monuments antérieurs à la construction de ce château ? Les seuls vestiges qu'on y ait reconnus ont été rencontrés en 1864, lors des travaux exécutés pour faciliter la navigation de la Meuse : on y mit à découvert, près du cours de la rivière, des portions de murs ayant, dit-on, l'apparence des constructions antiques. Le pavé de la principale rue de Dun était, il y a peu d'années, entretenu avec les débris d'une chaussée antique ; mais ces matériaux venaient du dehors et étaient pris sur le chemin dit la Voie Romaine, entre Lion et Mouzay.

Le diverticule sortait au nord-est de Dun et se portait sur le village de Milly, un peu au sud duquel se trouve un beau monolithe ou pierre debout, dite Hotte du Diable, mesurant deux mètres quatre-vingts centimètres de hauteur au dessus du niveau du sol, et un mètre quatre-vingts centimètres de largeur ; des curieux creusèrent, il y a quelques années, au pied de ce monument jusqu'à un mètre soixante-trois centimètres de profondeur sans en atteindre la base : cette pierre aurait donc plus de quatre mètres et demi de hauteur (Pl. x, fig. 3).

La Hotte du Diable est considérée dans le pays comme étant un menhir ou pierre fichée, *Petra fixa*, dont la tradition fait remonter l'origine aux temps druidiques. Ces sortes de pierres ne sont pas toujours des objets sacrés datant de l'époque gauloise : il s'en trouve qui n'étaient que des bornes limitatives de territoires. La Hotte du Diable est en effet à proximité de Lion-devant-Dun, village mentionné dans les limites de l'ancien comté de Verdun : « *Incipit a Leone Montefalconis* », c'est-à-dire : ces limites commencent à Lion de Montfaucon, aujourd'hui Lion-devant-Dun (1). Ce monolithe qui, d'après les croyances locales, aurait joué un certain rôle dans les cérémonies religieuses des Druides, pourrait donc n'être qu'une borne antique plantée en ce lieu, malgré son énorme dimension, pour marquer la limite du Verdunois ou de l'ancien comté de Verdun.

(1) Cf. *Virdunensis comitatus ita in circuitu habetur*. Pièce manuscrite conservée dans la Bibliothèque publique de Verdun.

De ce point, le diverticule se rendait presque en ligne droite à Lion-devant-Dun où il arrivait par le chemin vicinal actuel ; là, il se croisait avec la voie antique de Verdun à Stenay, décrite au chapitre Ier de ce volume, puis il se portait dans la forêt de Mouzay, dite forêt de Wèvre après avoir longé, à petite distance au nord, la côte Saint-Germain dont le sommet, comme il a été dit au chapitre précité, est occupé par les retranchements d'un vaste camp dit camp d'Hadrien, *Castellum Adriani*.

La voie traversait la forêt de Wèvre en passant à proximité de la fontaine dite Saint-Dagobert, près de laquelle Dagobert II, roi d'Austrasie, fut assassiné en l'an 679 ; on y trouva effectivement le corps tout ensanglanté du monarque, lequel fut transporté et inhumé à Stenay que ce prince habitait à titre de *villa regia*.

A la sortie de la forêt de Wèvre la voie oblique à l'est où son assiette est occupée par la route actuelle de Baâlon à Jametz : ces deux routes se confondent ainsi jusqu'à la petite rivière dite le Loison qu'elles franchissent un peu au nord de Louppy.

Le territoire de Louppy a quelquefois restitué des monnaies antiques ; huit de ces pièces sont conservées dans le musée de Verdun, ce sont :

1° Deux grands bronzes de Faustine mère et de Commode ;

2° Quatre moyens bronzes d'Auguste et Agrippa, ℞. *Col Nem.*, Domitien, ℞. *Moneta*, Faustine, ℞. *Junoni reginæ*, Dioclétien, ℞. *Genio populi romani ;*

3° Deux petits bronzes de Claude le Gothique, ℞. *Fides militum*, et de Constantin Ier, ℞. *Soli invicto comiti.*

Un peu au nord de Louppy se trouve le village de Juvigny-les-Dames, dit aussi Juvigny-sur-Loison, sur le territoire duquel on remarque, lieu dit la Culée des Briques, des restes de constructions antiques qui se manifestent extérieurement où à la superficie du sol par de nombreux fragments de tuiles et de briques, et par des pierres taillées, dont quelques unes portent des traces de sculptures actuellement très frustes. Ce fut en cet endroit, et non sur le territoire de Han, ainsi qu'il a été annoncé par divers journaux, qu'un cultivateur, occupé à labourer son champ, mit à découvert, au mois d'avril 1885, un pot en terre très fracturé, ayant à peu près la forme d'une cruche à large goulot, renfermant environ douze cents monnaies qui constituaient une sorte de petit trésor, probablement enfoui dans la crainte d'un pillage ; ces monnaies se composaient uniquement de petits bronzes romains assez bien conservés, en grande partie semblables ou à des types peu variés. Celles de ces pièces qui me furent soumises se trouvaient être à l'effigie de Gallien et de trois des tyrans qui s'étaient emparés de la pourpre sous cet empereur, savoir : Victorin, Tétricus père et Tétricus fils ; elles furent donc frappées et émises de l'an 263 à l'an 273 de notre ère.

Après avoir franchi le Loison, le diverticule continue sa marche jusqu'à Remoiville qu'il traverse pour venir passer, à deux cents mètres à l'ouest du village, un peu à gauche et à proximité du gros arbre séculaire de Remoiville, puis il parcourt, de l'ouest à l'est, le territoire de cette commune où il est dans un assez bon état de conservation, encore fréquenté, et connu sous le nom de Chemin des Romains. Il quitte le territoire de Remoiville pour traverser la pointe du finage d'Iré-le-Sec où il n'est pas aussi bien conservé ; il disparaît même bientôt complètement dans les terres en culture qui occupent l'angle formé par le chemin de Juvigny et la route de Marville : là, il se trouve à deux mille mètres au sud d'Iré-le-Sec, près duquel il fut mis à découvert, en 1864, sur la côte située à l'est du village, près du chemin de Flassigny, un sarcophage en pierre, long de deux mètres, renfermant des ossements, une urne funéraire et des armes de l'époque franque ou mérovingienne.

La voie reparaît au delà de la route de Marville où l'on en voit un beau tronçon légèrement en remblai, long de quarante mètres, large de quatre, entièrement envahi par les herbes sauvages ; ce tronçon, situé à la limite du territoire d'Iré-le-Sec, aboutit à un petit bois de sapin, nouvellement planté, dans lequel il a été récemment défoncé ; mais il se montre de nouveau au delà de la plantation où on le suit au sud du bois Frater dont il longe la lisière : là, il a encore une largeur de quatre à cinq mètres et il fait saillie d'environ trente centimètres au dessus du niveau du sol. Non loin de ce bois se trouve la contrée dite Saint-Léger dans laquelle on rencontre des tuiles plates à rebords et des pierres taillées provenant d'une construction antique qui existait en ce lieu.

La voie pénètre sur le territoire de Flassigny par le lieu dit la Montagne où se trouvent une importante construction souterraine avec cave voûtée, chambre et escalier, dont il a été rendu compte au chapitre III, page 44 de ce volume. La voie perd de sa largeur sur la Montagne ; elle y disparaît même sur divers points où elle a été défoncée et livrée à la culture ; mais elle redevient plus large dans les contrées dites la Hugette et le Haut où elle est en remblai de trente centimètres, et encore large de quatre à cinq mètres : elle est connue dans le pays sous le nom de Chemin des Romains. A ce point, la voie laisse à trois cents mètres au nord le village de Flassigny dont le territoire a restitué, comme on l'a vu au chapitre III de ce volume, divers objets antiques recueillis pour la plupart dans des sépultures ayant eu lieu par incinération.

Au delà du lieu dit le Haut, la voie descend par une pente rapide dans la contrée dite les Ormes où elle fait encore saillie au dessus du niveau du sol ; mais elle ne tarde pas à se rétrécir et à devenir un simple sentier dont la largeur est réduite à cinquante centimètres dans les terres en culture ; elle disparaît ensuite un instant pour se montrer de nouveau au bas du Petit-Bois où elle s'élargit de manière à atteindre une largeur d'environ six mètres : ici elle est entièrement recouverte de gazon.

Après avoir traversé la contrée de la Grande Halie et celle des Œuillons où elle est en contre-bas d'environ un mètre et bordée de haies très hautes et très épaisses, la voie antique se rend dans le fond de Macrué où elle est entièrement défoncée : un violent orage qui eut lieu en 1811 la ravina de telle sorte que les énormes pierres qui formaient la base de ce chemin furent arrachées et précipitées dans l'Othain dont le cours fut obstrué. La voie traversait cette rivière au gué de Macrué au delà duquel elle sort du département de la Meuse et pénètre dans celui de la Moselle où elle redevient apparente : elle gravit les pentes rapides du coteau occupé par le bois communal de Villers-le-Rond au delà duquel elle traverse la contré dite les Deux Petits Jours, et arrive aux Bruyères où elle est empruntée par le chemin vicinal de Velosnes avec lequel elle se confond jusqu'à Villers-le-Rond.

Cette route est très solidement établie : à partir des Bruyères, elle est formée d'énormes blocs de pierres jetés les uns sur les autres, ce qui occasionne, sur quelques points, des saillies très prononcées, quoique la route soit légèrement en contre-bas; mais en approchant de Villers-le-Rond, elle semble être maçonnée, tant les pierres sont symétriquement posées; elle est de plus accompagnée de bordures en pierres (*margines*), qui font saillie de chaque côté. Sur ce point, elle laisse à trois kilomètres au nord le village d'Epiez, près duquel on mit à découvert, en 1792, au dessous de la fontaine, une cuve en pierre d'environ quatre mètres carrés en surface, sur un mètre de profondeur, laquelle était remplie de charbons, de cendres et d'os fragmentés; cette cuve fut immédiatement recouverte sans avoir été dégradée et sans qu'on eût essayé de la dégager : elle git donc encore sous le sol (1).

Après avoir traversé Villers-le-Rond, d'où elle sort au sud-est du village, la voie antique se rend à Flabeuville jusqu'où elle est entretenue comme chemin vicinal; de ce village, elle vient passer un peu au sud de Tallancourt, puis à Cosnes d'où elle se porte par Longwy sous les pentes de la montagne occupée par le fameux camp de Titelberg dont il a déjà été question au chapitre IV de ce volume.

(1) Cf. Narrateur de la Meuse, tome XV, page 226.

TABLE DES CHAPITRES

TABLE DES PLANCHES

PLANCHE XL.

TABLE DES NOMS DE LIEUX

Châtelet de Châtillon. II, 65.

Châtelet de Fontaines. I, 35, 41, 62, 68, 89, 94, 107.

Châtelet d'Herméville. III, 100.

Châtelet de Lissey. III, 11.

Châtelet de Saint-Mihiel. II, 140.

Châtillon (côte). I, 84, 106.

Châtillon-en-Woëvre ou sous-les-Côtes. II, 65, 68, 69, 167.

Châtillon-l'Abbaye. III, 76.

Chaumont-devant-Damvillers. III, 40.

Chaumont-sur-Aire. II, 86.

Chaussée (Etang de la). II, 179.

Chaussée du Diable. I, 46.

Chaussée romaine. I, 84, 86, 90. — III, 57.

Chauvency-le-Château. III, 35.

Chauvoncourt. I, 57. — II, 128.

Chée (La). I, 3.

Chemin des Allemands. III, 106.

Chemin d'Alsace. II, 146, 157, 158.

Chemin de l'Ane-Rosse. I, 44.

Chemin des Ardennes. II, 8, 89.

Chemin des Armées. I, 111.

Chemin Bataille. I, 51.

Chemin Blanc. II, 158.

Chemin de Brabant. I, 45.

Chemin de Brunehaut. II, 119.

Chemin Charré. I, 108.

Chemin de la Dame-Blanche. III, 41.

Chemin des Fées. I, 81.

Chemin des Ferrons. III, 114.

Chemin des Gens-d'Armes. I, 104.

Chemin de Grandpré. II, 90, 93.

Chemin d'Hattonchâtel. II, 169.

Chemin de Jules César. I, 7.

Chemin des Longs-Bois. II, 169.

Chemin de Metz. III, 89.

Chemin des Morts. III, 79.

Chemin de Pontoise. I, 76.

Chemin de Poppée. I, 49.

Chemin du Postillon. III, 67.

Chemin de la Potence. III, 108.

Chemin des Potiers. III, 108.

Chemin de la Pucelle. I, 43, 44.

Chemin de la Reine. I, 80, 81. — II, 174.

Chemin de la Reine Blanche. III, 41.

Chemin de la Reine Houdiotte. I, 46.

Chemin Romain. I, 81.

Chemin des Romains. I, 3, 6, 7, 42, 44, 55, 73, 74, 76, 104, 108. — II, 7, 13, 61, 70, 90, 93, 95, 174. — III, 22, 49, 57, 68, 100, 106, 114, 120.

Chemin des Rouilleux. II, 95.

Chemin des Sarrasins. I, 98.

Chêne (Le). I, 60.

Cheppe (La). I, 3.

Cheppy. III, 110, 114, 115.

Cherpagne. II, 174.

Chevaliers (Bois des). II, 169.

Chicotel. I, 77.

Chiers (La). III, 35, 71.

Chinel (Vallée). I, 91.

Choloy. I, 46.

Chonville. I, 75.

Cierges. II, 102.

Cirfontaines. I, 86.

Clairs-Chênes. I, 80. — II, 175. — III, 101.

Claon (Le). — II, 7.

Clermont-en-Argonne. II, 7, 8.

Cléry-le-Grand. Cléry-le-Petit. III, 117.

Cliquenpoix. I, 68.

Combres. II, 169.

Commercy. II, 129, 143.

Condé-en-Barrois. II, 119.

Conroy. II, 80, 178.

Consenvoye. III, 8.

Constantine. II, 61.

Contrisson. I, 50.

Cornay. II, 93.

Corroy (Camp de). I, 35, 84, 89.

Corroy (Mont). II, 169.

Côtelette. II, 164.

Couchot. I, 6.

Cour (La). III, 14.

Courcelles-sur-Aire. II, 8, 86.

Cousance (La). II, 8.

Couvonges. I, 109.

Creüe. II, 173, 174.

Creumont (Côte). II, 144.

Creux-Mourot. II, 143.

Croix de pierre. II, 7, 90.

Crune (La). III, 68, 71.

Cumières. II, 97, 138. — III, 107.

Dagonville. I, 72.

Dame Schœne. II, 162.

Damloup. III, 56, 68.

Dammarie. I, 62, 91.

Damvillers. III, 42.

Delouze. I, 105, 106.

Delut. III, 42.

Deuxnouds-aux-Bois. II, 174.

Deuxnouds-devant-Beauzée. II, 118.

Dicourt. III, 57.

Dieppe. III, 57.

Dieu-du-Trice. II, 60, 130.

Dieue. II, 131.

Divodurum. I, 1, 46. — II, 5, 23, 83, 151.

FIN.

VERDUN, IMPRIMERIE ET LITHOGRAPHIE DE CH. LAURENT, 12 ET 14, QUAI DE LA RÉPUBLIQUE.

CPSIA information can be obtained at www.ICGtesting.com
Printed in the USA
BVOW05s2244120114

341691BV00004B/130/P